江戸の性愛業

永井義男

作品社

江戸の性愛業

目次

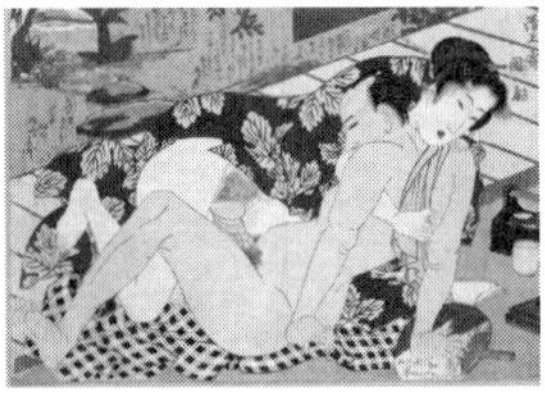

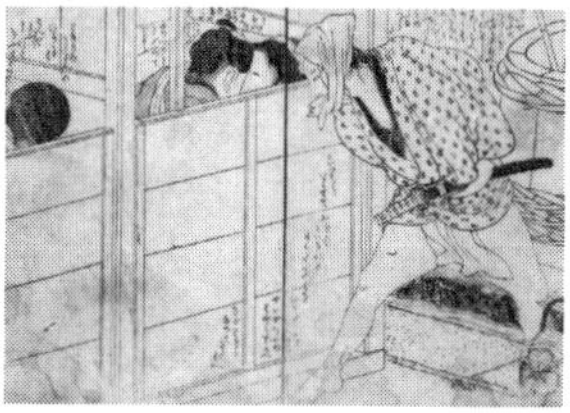

第二章 ハコモノのセックスワーカー

2 吉原の遊女 151

3 岡場所の遊女 186

はじめに

江戸時代の「性」の仕事に従事する女、露骨に言えば売春に従事する女としては、すぐ頭に浮かぶのは吉原の遊女であろう。

しかし、江戸には吉原以外にも多数の遊女がいた。これは「性愛業」ともいうべき仕事に従事した人々である。

みな、妓楼《ぎろう》や女郎屋、遊女屋などと呼ばれる店舗――現代の性風俗用語で言えばハコモノ――に居て、そこに客を迎えた。こうしたハコモノが集まっている場所を遊廓や遊里と言った。現代で言えば、風俗街、歓楽街であろう。

ところが、ハコモノ以外にも、江戸には売春に従事する者がたくさんいた。いわば個人営業であり、女のみならず、男も少なくなかった。

このように、性にまつわる仕事は多種多様であるため、本書では総称してセックスワーカーと呼ぶことにした。

さて、江戸では「性愛業」に従事するセックスワーカーの需要が大きく、それに応じて供給も大きかった。

江戸に遊女が多かった（買売春が盛んだった）理由として、人口比で男が圧倒的に多かったからという説明がある。しかし、必ずしも正確な説明ではない。背景には、江戸独特の事情があった。背景を、男女双方の立場から見てみよう。

男の側から言えば、不自然な形で独身生活を強いられている者が多かったことが背景にある。

勤番武士は、藩主の参勤交代に従って江戸に出てきた藩士だが、単身赴任が原則であり、およそ一年間、藩邸内の長屋で独身生活を送った。また、大きな商家には若い男の奉公人が多数いたが、みな住込みのため、結婚はできなかった。

住込みなので独身という点では、武家屋敷に大勢いた中間や下男なども同じであろう。

もちろん、セックスワーカーを求めたのは独身の男だけでない。

妻帯者もなかば公然とセックスワーカーを求めたが、当時の社会には売買春を悪とする考え方が希薄だったからである。売買春に対して心理的な抵抗感がなかったと言ってもよい。

これは男だけでなく、女の方にも言えた。「男が玄人（セックスワーカー）と遊ぶのは、ある程度は仕方がない」というのが社会通念だったと言ってよい。

さらに、我が国の宗教には、買売春を罪とする教条がなかったのも大きい。

では、女の側の背景はどうであろうか。

ハコモノに関しては、社会の貧しさが大きいであろう。遊女と呼ばれた女たちのほとんどは貧農の娘で、幼いころ、親に売られたのである――これを身売りと言った。

農村にかぎらず、都市部でも裏長屋の貧しい娘が身売りすることは珍しくなかった。大きな商家が商売に失敗して没落し、一家の窮状を救うため、娘が身売りすることもあった。

いっぽうの、個人営業に関しては、社会の貧しさはもちろんだが、女の職種が極端に少なかったことが背景にあった。

当時、女の職業の代表は女中（その筆頭が大奥の奥女中）と下女だが、武家屋敷にしても商家にしても、料理屋にしても、みな住込みが原則だった。

幼い子を抱えた女（いわゆるシングルマザー）、年老いた親の面倒を見ている女、あるいは病気の夫の看病をしている女が働こうとしても、まず職場がなかった。

けっきょく、個人営業のセックスワーカーになるしかなかった。個人営業であれば、自宅（裏長屋だろうが）から仕事に出ることができたからだ。

しかも、これは現代にも通じることだが、時間給の観点からする限り、セックスワーカーの収入は他の職業にくらべてはるかに高い。女中や下女のような長時間勤務をしなくてよかった。

かくして、セックスワーカーの需要と供給は、ともに大きかったのである。

本書では、大きく個人営業のセックスワーカーと、ハコモノのセックスワーカーに分けた。

従来、江戸のセックスワーカーに関する記述は、あまりに吉原に偏重していた。実際には、個人営業のセックスワーカーがたくさん、しかも人々のごく身近にいたことがおわかりいただけるであろう。

なお、個人営業と称したが、必ずしも現代の意味の自営業や自由業（フリーランス）ではない。実際には親方などの支配を受け、割前を徴収されていた例も多いのだが、ここはあくまで、ハコモノと対比するための個人営業と、ご理解いただきたい。

本書に引用した江戸時代の文献には、大きく分けてフィクションとノンフィクションがある。江戸時代のフィクションは、洒落本、人情本などと区分がややこしいため、大きく戯作と春本に分類し、それぞれ書名の前に記した。

また、読みやすさを優先して、引用文は現行の仮名遣いに直し、漢字はすべて現行の新字に改めた。当て字を正し、一部、平仮名を漢字にしたところもある。会話の部分には「」を付けた。

随筆、紀行、見聞録などのノンフィクションは書名のみとした。仮名遣いなどの表記は原則、原文のましたが、漢字は新字に改めた。

第一章

個人営業のセックスワーカー

「芸者が三味線を弾く」
『日本での夢見心地の時間』（ヘンリー・フィンク著、1895 年）国際日本文化センター蔵

「夜鷹」

『江戸職人歌合』（石原正明著［片野東四郎、1900 年］）近代デジタルライブラリー蔵

1 夜鷹——茣蓙をかかえた街娼

約四千人、老婆もいた

夜鷹《よたか》は、夜道に立って男に声をかける、いわゆる街娼である。現代の「立ちんぼ」に相当するが、大きな違いもあった。

▼図一に、夜鷹のいでたちが描かれている。画中に「辻君於利江《つじぎみおりえ》」とあるが、辻君は夜鷹の別称。要するに、「夜鷹のお利江」である。

現代の立ちんぼは、男に声をかける場所こそ街頭でも、性的サービスをするのはラブホテルなど、屋内である。

ところが、江戸の夜鷹は物陰で、地面に敷いた茣蓙《ござ》の上で性行為をした。図一の夜鷹も、茣蓙を持っているのがわかろう。

そして、茣蓙の上の性行為を描いたのが、▼図二である。

図二で、女が男に——

「おめえ、明日の晩からはの、早く来て、髪結床《かみゆいどこ》の角に待っていねえ。そして、口明けに、はいって

くんねえ。きれいな
うちが、いいわな」

――と、言っている。

口明けは、その日の最初のこと。

馴染みの客となると、夜鷹もそれなりに情が湧くのであろうか。男に対して、口明けにさせてやるから、髪結床の角で待て、と言っているのだ。

なお、図二の夜鷹は健康そうで、福々しい顔をしているが、実際には年齢が高く、不健康な女が多かった。

夜鷹の揚代《あげだい》（料金）は、蕎麦一杯の値段と同じとも、二十四文とも言われた。比較はむずかしいが、たとえば文化十五年（文政元年、一八一八）の相場で、二十四文は現在のおよそ三百五十円に相当するであろう。つまり、夜鷹は三百五十円で「一発」をさせていた。

揚代の安さから、また地面に敷いた莫蓙の上で性行為をすることから、夜鷹は最下級のセックスワーカーと言えよう。

図一　『忠臣再講釈』（恋川春町二世著、天保３年）、国会図書館蔵

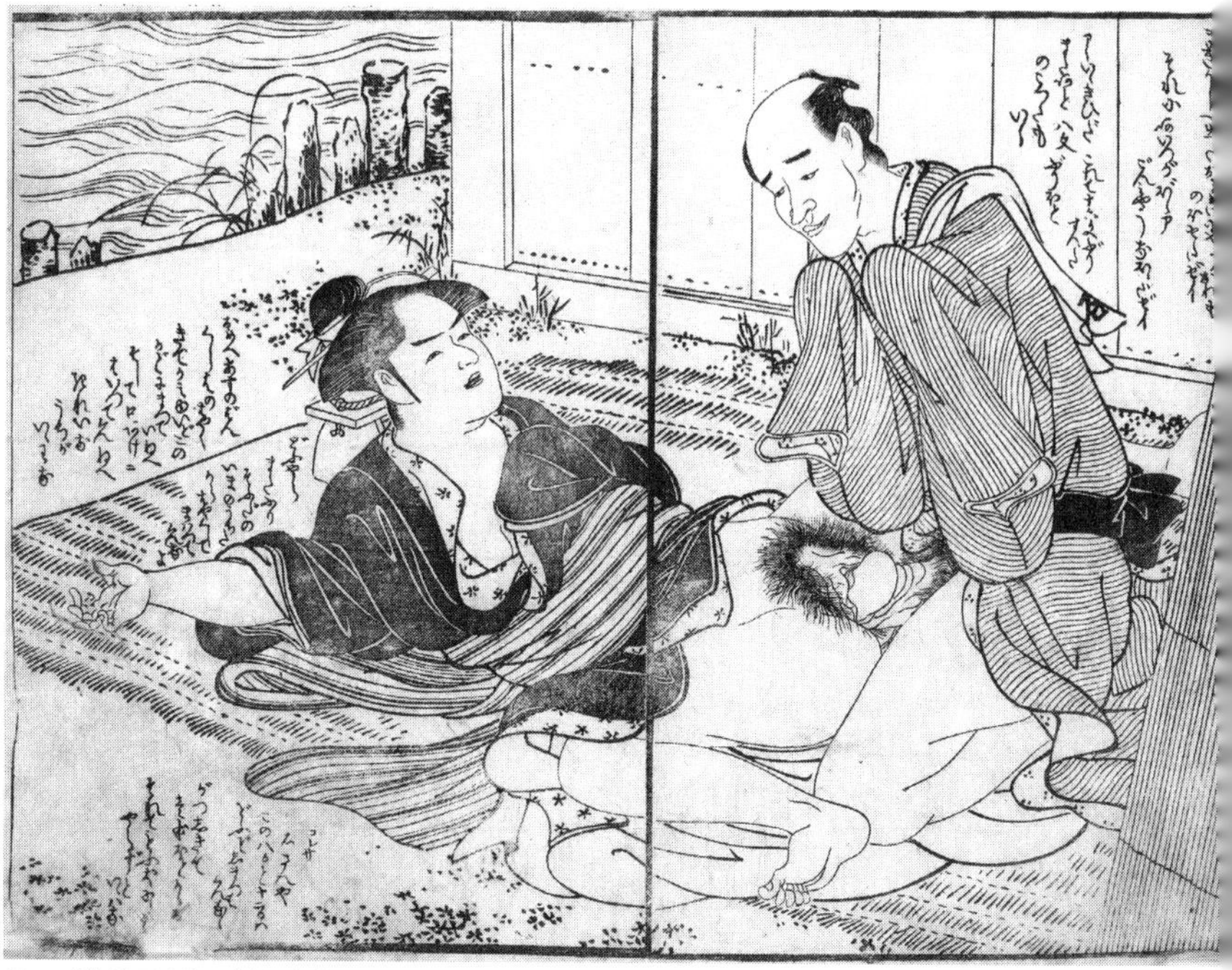

図二　『御覧男女姿』（勝川春英、寛政元年）、国際日本文化研究センター蔵

『当世武野俗談』（宝暦七年）に、夜鷹について――

鮫ケ橋、本所、浅草堂前、此三ヶ所より出て色を売、此《この》徒《と》凡《およそ》人別四千に及ぶと云《いう》。

――とあり、宝暦《ほうれき》（一七五一～六四）のころ、江戸にはおよそ四千人の夜鷹がいたという。夜がふけると、街角のあちこちに夜鷹が立っていたと言っても過言でない。

江戸の夜鷹について述べるとき、必ずと言ってよいほど引用されるのが、国学者・狂歌師の石川雅望《まさもち》の著『都の手ぶり』（文化六年）である。わかりやすく現代語訳すると、次の通りである。

若い女はまれで、たいていは四十から五、六十歳の老婆が多い。老いを隠すため、ひたいに墨を塗って髪の抜けたのを

　ごまかしたり、白髪に黒い油を塗ってごまかしたりしているが、それでも、ところどころ白髪が見えて、見苦しく、きたない。


原文では、「みぐるしうきたなげなり」と表現している。

人生五十年と言われた時代にあって、四十〜六十歳の女は老婆と評されてもおかしくない。

吉原から岡場所や宿場に流れ、さらに岡場所や宿場でも通用しなくなった女が、食べていくため、やむなく路上に立つ例が多かった。

そのため、夜鷹は年齢が高く、また性病などの病気持ちが普通だった。
▼図三で、石川雅望の「みぐるしうきたなげなり」がわかろう。
こんな夜鷹を買う男もいたわけだが、多くは武家屋敷の中間や、商家の下男などの奉公人、日雇い人足だった。

彼らとて吉原や岡場所で遊びたかったであろうが、その薄給では夜鷹がせいぜいだったし、梅毒・淋病などの性病に対する無知もあった。

当時、避妊・性病予防具のコンドームはなかったから、セックスワーカーは客の男と、いわゆる「ナマ」で性交渉をしていた。客の男から性病をうつされたセックスワーカーは、今度はうつす側になる。

夜鷹はセックスワーカーとしての年月が長いだけに、性病の罹患率は高かった。

亭主が付き添うことも

江戸の夜鷹の総数を約四千人と述べた『当世武野俗談』から、およそ百年後の、幕末期の状況が、『わすれのこり』（安政元年）に――

図三　『女房気質異赤縄』（式亭三馬著、文化 12 年）、国会図書館蔵

今其《その》風俗極めて鄙《いや》し、浪銭《なみせん》六孔を以て、雲雨巫山《うんうふざん》の情けを売る、本所吉田町、また鮫が橋より出て、両国、柳原、呉服橋外、其外《そのほか》所々に出るうちにも、護持院が原とりわけ多し。

――とあり、夜鷹の風俗は相変わらずいやしかった。

浪銭六孔は、四文銭六枚のことなので、二十四文。

幕末期になっても、夜鷹の揚代は二十四文だった。百年たっても、値上げはなかったと言えよう。

さて、護持院原《ごじいんがはら》に、夜鷹がもっともたくさん出没したという。

かつて護持院という寺があったが、享保二年（一七一七）の火災で、他の場所に移転した。その後、跡地は火除地《ひよけち》として、空き地のままで残された。この空き地を、護持院原と呼んだ。現在の東京都千代田区神田錦町のあたりである。

▼図四は、画中に「護持院原」とあり、まさに護持院原の夜鷹が描かれている。客の男は、腰に刀を差しているので武家屋敷の足軽であろうか。足軽はいちおう士分だが、最下級の武士である。

護持院原は草が生い茂る空き地だけに、夏は蚊が群れ、冬は寒風が吹き抜ける。そんななか、地面に敷いた莨蓙の上で、あわただしい情交をしたわけである。

図四を見ると、葦簀《よしず》を巡らしている。せめてもの夜風を防ぐ工夫だろうか。また、周囲に竹で垣根を作っている。この夜鷹の、言わば縄張りなのかもしれない。

いっぽう、▼図五の本文に――

お文も所々を歩き、いまは采女《うねめ》が原《はら》へ夜ごと通う身となり、

図四　『東都名所図会』（月斎峨眉丸、寛政６年）、国際日本文化研究センター蔵

図五　『かんなんの夢枕』（豊里舟著、天明３年）、国会図書館蔵

——とあり、お文という女がついに夜鷹に身を落としたことがわかる。

采女が原には馬場があったが、周囲には筵《むしろ》掛けの見世物小屋や屋台店が集まっていた。そして、夜がふけると夜鷹が出没した。現在の、東京都中央区東銀座のあたりである。

図五で、夜鷹が男の手を取り、

「もしもし、遊びねえ」

と、引っ張っている。

現在の銀座に、かつて夜鷹がいたことになろうか。

夜鷹は屋外で商売するため、タチの悪い男が揚代を払わずに逃げたり、暴力をふるったりすることが少なくなかった。

▼図六は、客の男が金を払わずに逃げ出した光景である。

金を払わずに逃げる行為を「買い逃げ」と言った。男はあわてていたので、手ぬぐいを忘れていた——

女「むざと買い逃げさそうか」

男「南無三、これは高うつくわえ」

——と、夜鷹はこれ見よがしに忘れた手ぬぐいを振り、いっぽう

図六　『艶道逢夜の雛形』（速水春暁斎、文化５年頃）、国際日本文化研究センター蔵

の男は逃げながら、悔しがっている。

『世のすがた』（著者不明）に、文化（一八〇四～一八）のころ、手ぬぐい一本の値段は六十八文とある。男は二十四文を踏み倒したつもりが、かえって高くついたわけである。

図六の夜鷹は、買い逃げをした男に見事、しっぺ返しをしたが、一般に夜鷹はリスクの大きいセックスワーカーだった。

そのため、妓夫《ぎゆう》と呼ばれる男が用心棒として付き添う。妓夫は、牛、牛夫とも書いた。

夜鷹の亭主が妓夫を務めることが多かった。女房が莫蓙の上で男と性行為をしているのを、亭主は物陰からそっと見守っていたことになろう。

戯作『卯地臭意《うじしゅうい》』（天明三年）に、夜鷹と妓夫が描かれている。簡略に紹介しよう。


季節は夏。

夕闇が迫るなか、本所吉田町の裏長屋を出た夜鷹ふたりと妓夫が、両国橋を渡って隅田川を越え、商売の場所である両国広小路に向かう。

夜鷹のお千代とお花は、ともに柿渋色の単衣《ひとえ》を着て、太織《ふとり》の帯を締めていた。

妓夫の又兵衛はお千代の亭主で、やはり単衣を着て、唐傘をかついでいた。


又兵衛は、女房ともうひとりの、つまり夜鷹ふたりの用心棒を務めていることになろう。

ともあれ、当時の夜鷹と妓夫の風俗がわかる。

江戸時代、女の職業は少なかった。亭主が病気や怪我で働きに出られなくなると、たちまち生活が困窮する。

女の代表的な職業は女中と下女だが、原則としてすべて住込みだった。住込みをしていたら、病気や怪我の亭主の面倒を見ることができない。女房が働きに出ようと思っても、職場がなかったのだ。

やむなく、夜鷹に出る女は少なくなかった。

『元禄世間咄風聞集』に、次のような話がある。

芝あたりの裏長屋に住む浪人は毎晩、妻を夜鷹に出し、自分は妓夫をしていた。

隣に住む浪人も、同じく妻を夜鷹に出していた。

ある日、ふたりは話し合った。

「いくら生活のためとはいえ、自分の女房が不義をしているのを見るのはつらい。貴殿の女房をそれがし、それがしの女房を貴殿が見張るのはどうじゃ」

「それは名案じゃ」

こうして、お互いに相手の妻の妓夫をつとめることになった。

その夜、いつもの場所で夜鷹商売をした。

浪人が、隣人の妻をうながした。

「もはや四ツ半（午後十一時ころ）だから、帰ろうではないか。大家が長屋の路地の木戸を閉じてしまうと、面倒だぞ」

「お気遣いなされますな。今夜ばかりは、夜がふけても木戸はあいております」

「なぜ、そのようなことがわかる」

「今夜は、大家のおかみさんも稼ぎに出ています」

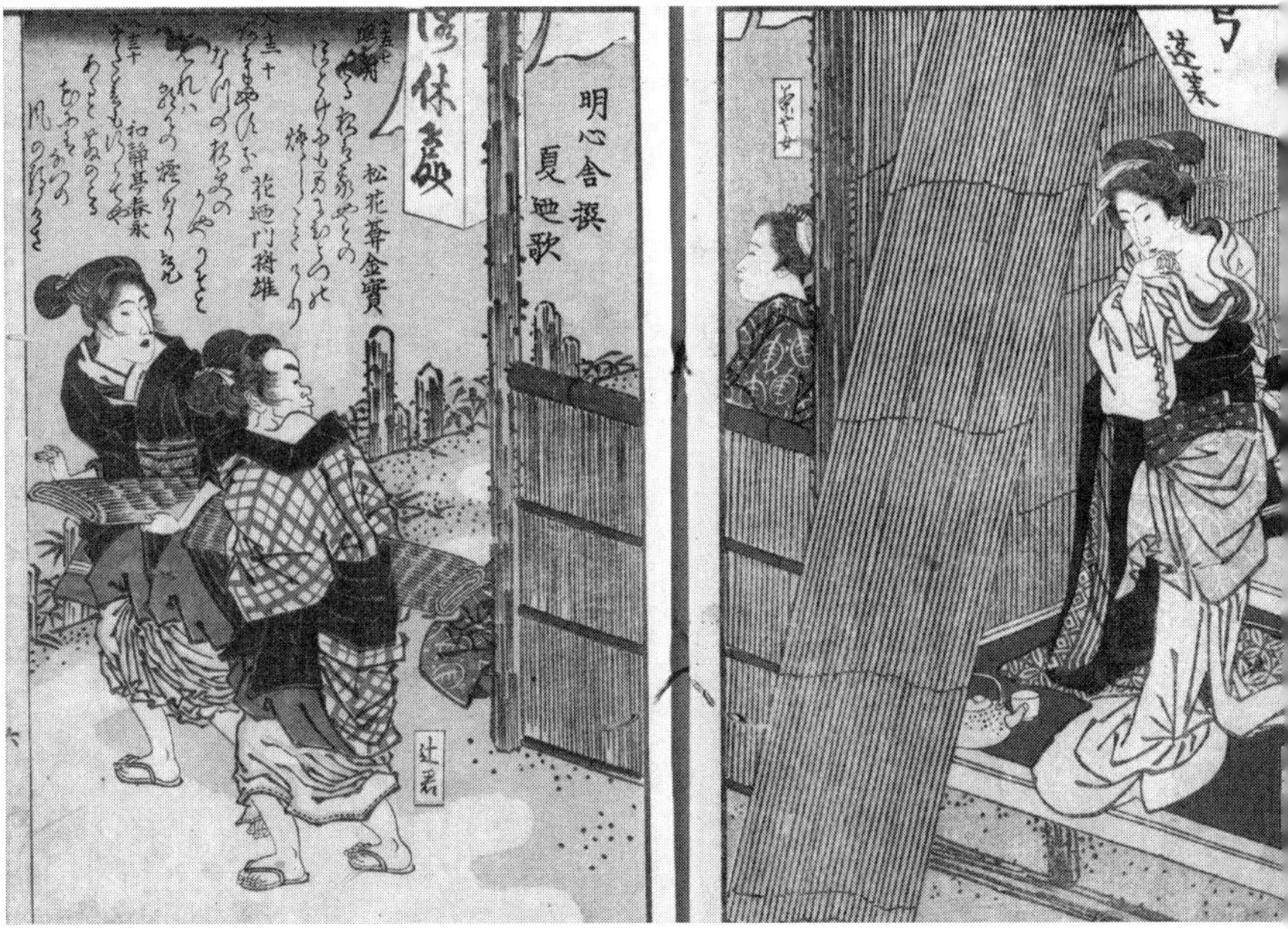

図七　『花容女職人鑑』（歌川国貞）、国会図書館蔵

図八　『慎道迷尽誌』（曼鬼武著、享和 3 年）、国会図書館蔵

大家の女房まで夜鷹に出ているという落ちがあり、一種の笑い話になっているが、実情は悲惨である。よほどの貧乏長屋だったに違いない。
▼図七は、夜鷹がふたり連れで、商売に行くところ。ここも「辻君」と記されている。絵には描かれていないが、妓夫が付き添っていたはずである。
▼図八では、夜鷹が男を引っ張って――

「これさ、まあ、ちょっと寄らねえけりゃあ、離さねえ。話があるからよ。このとろは、鼻でばかりあいしらうの。おおかた鼻についたのだろう」


――と、恨み言を述べている。

かつて馴染み客だった男が、このところ自分を避けるようになっていたので、夜鷹は夜道で出会ったのをさいわい、強引に引っ張りこもうとしている。

男からすれば、なんとも迷惑であり、腹立たしかったろう。

しかし、女の方からすれば必死だった。ひと晩のうちに何人かの客を取らないと、それこそ食べていけなかったのである。

戯作『好色一代男』（井原西鶴著、天和二年）に――


夜発《やほっ》の輩《ともがら》、一日ぐらし、月雪のふる事も、盆も正月もしらず。

――とある。夜発は夜鷹の別称。

夜鷹はまったくのその日暮らしで、月見も雪見も、盆も正月も知らずに世を終わる、と。

セックスワーカーはアイデア次第

江戸時代の後期、老中の水野忠邦が推進した天保の改革で夜鷹は徹底的な取り締まりを受け、江戸の夜の町からその姿は完全に消えた。

天保十四年（一八三四）、水野忠邦が失脚して、ようやく天保の改革は終了したが、すぐには夜鷹の復活はなかった。まだ、お上の顔色をうかがっていたのであろう。

風聞を収集した『藤岡屋日記』（藤岡屋由蔵編）に拠ると、天保十五年（弘化元年）の八、九月ころになり、東両国や采女が原にぽつりぽつりと夜鷹が立つようになった。すると、これが評判になった。久しぶりの夜鷹は新鮮に感じられたのであろう。

揚代は五十文だったが、客がどっと詰めかけ、さらにその様子を見物する男たちも押し寄せた。こうした人出を見て、夜鷹蕎麦、おでん、燗酒などの屋台店も集まってきた。

この盛況を知って、江戸のあちこちに夜鷹が新規参入した。しかも、十代の女まで参入してきたのである。にわかに人気のセックスワーカーになったと言えよう。

その結果、夜鷹の平均年齢はぐっと若返ったようだ。

さらに、『藤岡屋日記』に拠ると、弘化二年（一八四五）十月には、深川の空き地に掘立小屋を建て、七人の女が「すわり夜鷹」として商売を始めた。揚代は百二十四文だったが、評判となって男たちが詰めかけ、やはり屋台店が出るほどだった。

セックスワーカーはアイデア次第と言おうか。

同じ夜鷹でも、ちょっとネーミングを変えただけで人気が出て、高い揚代を取れたことになろう。

現在、いろんな名称や業態の性風俗店があるが、同じかもしれない。

ただし、気が重くなるような話もある。

『甲子夜話』（松浦静山著）に、文政（一八一八〜三〇）のころの目撃談が記されている。


ある人が夜、隅田川で舟遊びをしていた。

すれ違った舟から、かすれた弱々しい声が聞こえてきた。

「せつなや、せつなや」

「もうすぐ楽になるぜ」

そばの男がなぐさめている。

ややあって、ザブーンという水音がした。

病み呆《ほう》けてもう客が取れなくなった夜鷹を、妓夫の男が夜の川に放り込んで、厄介払いをしたのだという。


セックスワーカーとして、やはり夜鷹の置かれていた状況は劣悪で過酷だった。

布団の上でしたい

【コラム】

浅草橋場町に搗米屋《つきごめや》があり、住込みで働く米搗き男はかねてから御厩河岸《おんまやがし》に出ている夜鷹と馴染んでいた。

嘉永四年（一八五一）五月なかばのこと。たまたま、主人をはじめ、店の二階で相部屋をしている朋輩の奉公人まで、みな外出することになり、米搗き男はひとりで留守番を頼まれた。

夜がふけると、男は御厩河岸に出かけて行き、夜鷹をさそった。

「今夜は店に俺ひとりだ。いつも道端の莫蓙の上では味気ない。どうだ、たまには畳の上でしっぽり濡れようではないか。泊まっていくがよい」

馴染みの客であることから、夜鷹もすぐに承知して、妓夫に掛け合った。

「うむ、たまには、よかろうぜ」

妓夫も認めた。

そこで、米搗き男は夜鷹を店の二階に連れ込み、大いに楽しんだ。疲れから、熟睡する。

ハッと気づくと、すでに夜が明け、主人も店に戻った様子である。

「いま、下におりては、旦那さまにばれてしまう。ここに隠れていてくれ」

男はあわて、夜鷹を押入れのなかにひそませた。

朝食のとき、自分の飯の一部を握り飯にして、そっと二階に上がり、

「これを食うがいい。俺が昼間、たびたび二階に上がっていると妙に思われる。昼飯と夕飯は持ってきてやるから、階段をのぼってくる音を聞けば、廊下から手だけ出してくれ。握り飯を渡す」

と言い置き、米搗きの仕事に戻った。

昼飯のときも、そっと階段の途中から握り飯を受け渡した。

こうして夜鷹は昼過ぎまで二階の押入れに隠れていたが、しだいに尿意が耐えがたくなってきた。かといって、階下の便所にはいけない。

なにかよい方法はないものかと部屋をさがしてい

ると、銭を入れる竹製の銭筒があった。

夜鷹はその竹筒をあて、なかに小便を注ぎ込んだ。ところが、ずっと我慢していたため、たまりきっている。とても竹筒におさまりきれない。

竹筒からあふれた小水が畳を濡らし、さらに階下にまでポタポタと落ちた。

ちょうど階下の台所にいた女房が、天井からたれる水滴に気づいた。

「おや、なんだい。この臭い水は。まさか、鼠の小便じゃあるまいね」

女房が二階の様子をうかがいに来た。

階段をのぼってくる足音を聞いて、夜鷹はてっきり夕食の握り飯だと思った。ぬっと、手だけ出す。

それを見て女房は驚き、

「わっ」

と叫ぶや、階段の途中から足を踏みはずして転落し、気絶してしまった。

『藤岡屋日記』に収録されている話で、なかなか面白い。

しかし、本材木町あたりの呉服屋の息子が女を自宅に引き入れたところ、外出していた両親が帰ってきたため、やむをえず女を樽のなかに隠し、小便騒ぎになったなど、同工異曲の話がある。

事実と言うよりは、一種の都市伝説であろう。

できれば屋内で、布団の上でしたいという、男の願望の反映かもしれない。

2 囲い者——口入屋が斡旋するセックスワーカー

囲い者にも上中下

囲《かこ》い者《もの》とは、妾のこと。たんに「囲い」や、「てかけ」とも言った。

▼図一は、画中に「志賀山、囲われている所」とある。

吉原の花魁《おいらん》志賀山が年季の途中、富裕な商人に身請けされ、囲い者となって暮らしている様子である。

女中が志賀山に声をかける——

「お茶を入れ、おまんまにいたしましょう」

「なんぞ、おいしい物はないかえ」

——という具合で、志賀山は本を読みながら、のん気なものだった。

戯作『磯ぜせりの癖』（十返舎一九著、文化十年）の設定では、志賀山は女中ひとりと、下女ふたりの四人暮らしだった。

図一の左の台所で仕事をしているのが、下女のひとりであろう。

身請けに大金がかかったのは言うまでもないが、妾宅を維持していくのにもかなりの金がかかる。

旦那である商人は、まず戸建ての家を借り、三人の奉公人を雇い、さらに月々の生活費も渡さねばならない。かなりの出費だった。

かつて、「妾は男の甲斐性《かいしょう》」という言い方があった。逆から言えば、甲斐性のある男でなければ、妾など持てなかった。

図一のように、吉原の花魁を囲い者にした旦那は、まさに甲斐性のある男と言えよう。いっぽう、囲い者になった志賀山にすれば、なんとも安楽な暮らしだった。

女中と下女がいるので、自分は家事労働や雑用はいっさい、しなくてよかった。

風呂に入り、化粧をし、あとは三味線を弾いたり、本を読んだりしながら待機する。旦那が来れば、性的に満足させてやればよい。旦那が求めているのはずばり、性的な快楽だった。

図一　『磯ぜせりの癖』（十返舎一九著、文化10年）、国会図書館蔵

しかも、大店《おおだな》の主人ともなれば、店の業務全般に目を配らなければならないし、得意先や同業者との付き合いもあろう。また、本妻への遠慮もあるので、とても毎日のように妾宅に来ることなどはできない。

それこそ、たまに来るだけである。そのとき、旦那がとても本妻には望めないような、濃厚な性的サービスをしてやればよかった。

図一のような囲い者はけっして戯作の誇張ではないのは、文政末から天保初期の世相を描いた『江戸繁昌記』（寺門静軒著）でわかる。なお、同書は漢文で記されているので、現代語訳して簡略に紹介する。

囲い者にも上・中・下の等級があった。

表通りからはいった新道にある、格子戸の仕舞屋《しもたや》に住まわせ、婆やひとり、下女ひとりを付けてやる——これは「中」である。

「上」になると、高い板塀で囲まれた門構えの家に住まわせ、庭には石灯籠と松の木があり、奉公人も複数人、付けてやる。こうした妾宅を維持するには、旦那の負担は一カ月に二十五両を超えた。

図一は、黒板塀で囲まれており、いちおう庭もあるようだ。また、奉公人は三人いる。「上」の囲い者の例と言えよう。

なお、「下」については、後述する。

▼図二は、画中に「湯上りに寄する囲者」とあり、夏の妾宅の光景である。

旦那は富裕な商人のようだ。この女も「上」の囲い者と言えよう。

湯から上がった旦那と囲い者は、縁側で涼しい風を受けながら、女上位の体位である茶臼《ちゃうす》でしている。

これこそ、高い金を出しても囲い者を妾宅に住まわせる醍醐味だった。

というのは、自宅ではとても図二のような行為はできない。女房子供のほか、多くの奉公人がいるからだ。それに、当時の日本家屋は防音効果が皆無に近く、プライバシーは守れなかった。

もちろん、妾宅にも奉公人はいるが、みな心得ているため、旦那と囲い者の房事が始まりそうな気配を見ると、気をきかせて湯屋などへ行く。あとは、旦那は日頃できないような性行為を妾として、思い切り楽しむわけである。

金のある男にとって、一カ月に二十五両の出費は惜しくはなかったろう。

大名が妾を募集

大名が、町娘など、庶民の女の中から妾を求めることは少なくなかった。

▼図三は、春本『絵本開中鏡』（歌川豊国、文政六年）の中の絵で、画中に「御中奥御妾目見之図」とある。

殿さまが御簾《みす》越しに、妾候補の女の見分をし

図二　『狂歌題恋の道草』（渓斎英泉、文政8年頃）、国際日本文化研究センター蔵

図三　『絵本開中鏡』（歌川豊国、文政６年）、国際日本文化研究センター蔵

図四　『絵本開中鏡』（歌川豊国、文政６年）、国際日本文化研究センター蔵

ているところである。そばにいる女は、奥女中。

彼らの視線の先が、▼図四である。

図四で、恥ずかしそうにしている女が、妾候補の町娘。

そばの高齢の女は、「老女《ろうじょ》」と呼ばれる最高位の奥女中。

ふたりの遣り取りは――

老「いくつえ」
娘「十七でござります」
老「よし、よし」

――という具合である。

背後に琴と三味線があるので、どちらか、あるいは両方の実技試験もおこなわれたのであろう。

このあと、娘は妾に採用されたのはいいが、殿さまが房事に熱中し、ついには腎虚《じんきょ》になるという、春本らしいオチになっている。腎虚とは、房事過多、つまりセックスのし過ぎで虚弱化すること。

しかし、大名が庶民の女の中から妾を求めるのは、けっして春本の誇張でも虚構でもなかった。

戯作『根南志具佐』（平賀源内著、宝暦十三年）に、大名に妾を取り持つ男、言わば仲人が登場する。

仲人が、娘の両親に向かって言う――


「お娘《むす》は、いよいよ、やらしゃるつもりに相談はきまりましたか。一昨日も言う通り、向こうは国家のお大名、お妾の器量えらみ、中背で鼻筋の通った……（中略）……支度金《したくきん》は八十両、世話賃を二割引いても、八八、六十四、五両の手取り、もし若殿でも、産んでみやしゃれ、こなた衆は国取のじいさま、ばあさまなれば、十人扶持《ぶち》や二十人扶持は、棚に置いた物取るよりはやすいこと。いよいよ、やらしゃる合点か」

——と、雄弁である。もちろん、夫婦は娘を妾に出すのを快諾した。

大名家から娘の親に支度金として八十両が渡される。仲人が手数料として二割引くので、親元に渡るのは六十四両。

娘はあくまで大名の妾だが、もし子供を産むと、しかも男の子を産むと、たちまち側室となる。

というのは、大名家では（将軍家も同じだが）、正室が子供を産むことはほとんどなかった。そのため、側室が男の子を産めば、その子が将来、次の藩主になる可能性は大きかった。

その場合、庶民の娘は、大名の実母になる。大出世だった。

また、娘の両親は、大名の実の祖父母になる。とはいえ、藩主の実の祖父母が庶民で、裏長屋などに住んでいては世間体が悪いので、大名家は二十人扶持くらいの家禄をあたえ、体裁《ていさい》をととのえさせた。こうして、両親も大出世だった。

大名の妾は、『江戸繁昌記』の囲い者の上・中・下でいえば「上」、いや「極上」と言ってよかろう。

▼図五は、大名と、寵愛する妾である。妾は周囲の奥女中にいじめられると訴え——

妾「わたくしは、どのようにいじめられましても、いつまでも御前《ごぜん》のお側に、おりとう存じます」

殿「おお、俺も、どのようなことがあっても、そちばかりは一生、側へ置くぞ」

――と、大名はますます夢中になっている。

妾は見事、大名を篭絡したと言えよう。

「下」の囲い者の実態

では、『江戸繁昌記』が上・中・下にランク分けした囲い者の中で、「下」の実態はどうだったのであろうか。同書によると、

> とても戸建ての借家などは用意してやれないので、女にはそれまでの住居に親と一緒に住まわせておき、旦那が通う方式だった。二階建ての家の場合、女は二階で旦那を迎え、両親は一階で平常通りの生活を続ける。

というものだった。親にしてみれば、自分の娘のもとに男が通ってくるわけである。

しかも、当時の木造家屋では、二階と一階であれば、行為の様子こそ見えないが、物音や声は筒抜けだった。

図五　『男女寿賀多』（歌川国虎、文政９年）、国際日本文化研究センター蔵

もちろん、近所にも、「あそこの娘は囲い者になって、男が通ってきている」と、たちまち知れ渡った。

そんな囲い者事情が、戯作『娘消息』（曲山人著、天保七年）に生き生きと描かれている。

お初は十六、七歳の町娘、お仲は三十歳くらいで、茶屋の女将《おかみ》。お初が、母親が妾に出ろと迫り、困っているると、愚痴をこぼす——

初「私はたとえどんないい暮らしをしても、好かねえ人の世話になることはいやだと思うよ。なかにゃあ、向こう裏のお杉さんのようなのもあるがね。親も親だが、あの子も、あの子だねえ。あの、つまらないじゃあないか、あんな二本棒の世話になるとは。それ、おまえも知っておいでだろう。あの、色の黒いあばた面の、でっぷりした人さ。いやじゃあないか、よくまあ、お杉さんも、あんな人の言うことをお聞きだと思うと、あの子の顔を見るたびごとに、おかしくってならないよ。そうしてね、なんだっさ、たまたま来るのならいいけれど、少将と同じことで、毎晩毎晩通い詰めると、あきれるねえ」

仲「そうだとねえ。根《こん》のいい人だと見えるよ。あの子も可哀そうに、そのせいかして、顔の色が悪いようだよ」

——と、近所の、囲い者をしているお杉の噂をする。お杉はお初とほぼ同年齢であろう。

二本棒とは両刀のことで、つまり武士。しかも、醜男で肥満体のようだ。

その上、武士は毎晩のように、お杉のもとに通ってくるという。

精力を持て余しているのか、「金を払っているのだから、しなきゃあ損だ」という気分なのか。

おかげで、相手をするお杉は最近、顔色が悪いという。

なお、お初の言う「少将」は、平安時代の深草少将《ふかくさのしょうしょう》のこと。小野小町のもとに九十九夜、通ったという伝説がある。

これが、『江戸繁昌記』のランクで、「下」の囲い者の実態だった。

親と同居している娘が囲い者になり、そこに旦那が通ってきたのである。

親の意向で、お杉は囲い者になった。お初も、親から囲い者になるよう迫られている。

要するに、親としては娘に稼がせ、自分は養ってもらうつもりなのだ。

囲い者は、当時としては高収入が得られる女の職業、つまりセックスワーカーだった。

▼図六は、画中に「うらすまい」とある。また、右端の箒を使っている女は「かこいもの」と記されている。

つまり、裏長屋に住む囲い者の姿である。『江戸繁昌記』の分類によれば、「下」の囲い者になろうか。

口入屋で斡旋

囲い者は社会的に認知されたセックスワーカーだったのが、▼図七でわかる。

口入屋《くちいれや》は、職業紹介所である。

さて、図七は口入屋の入口付近の光景。

看板には、

「きもいりや　御奉公人口入仕候」

と書かれている。

図六　『絵本時世粧』（歌川豊国、享和２年）、国会図書館蔵

図七　『絵本時世粧』（歌川豊国、享和２年）、国会図書館蔵

肝煎屋《きもいりや》は口入屋のことである。
人物にはそれぞれ説明があり、
右端の立っている女は、「月きわめのかこいもの」、つまり、月ぎめ契約で囲い者をしている女、
左から二番目の高齢の女は、「きもいりかゝ」、つまり、口入屋の女房、
床几に腰をおろしている女は、「めかけの目見え」、つまり、囲い者になりたくて、口入屋の面接を受けにきた女、
左端は、「子もり」、つまり子守の奉公人、
という具合で、口入屋で囲い者の紹介をしていたのだ。
囲い者がほしい男は、自分の好みや期間、予算などを告げて、口入屋に登録しておく。
いっぽう、囲い者になりたい女も自分の要望などを登録しておく。
口入屋はふさわしい組み合わせだと思うと、両者を引き合わせ、おたがいに納得すると、契約となる。
囲い者は仕事であり、当時の言葉では「妾奉公」だけに、口入屋があいだにはいって、きちんと証文を作成し、たがいに取り交わした。
なお、図七から、月契約の囲い者もいたことがわかる。
これは男の側からすれば、金に余裕がないので、せめて一カ月間だけでも囲い者を持ちたいという念願であろう。また、一カ月単位で次々と女を変えて楽しみたいという男もいたろう。
いっぽう、女の側からすれば、時にはいやな男もいる。そんな場合、月契約なら、一カ月間だけ我慢すればいいので、リスク回避の意味もあったろう。

▼図八は、口入屋でとんだ旦那を引き当てた女の嘆きである。

年が年だけに、ほとんど添い寝をするだけで、楽ができると高を括《くく》っていた。ところが、老人は精力絶倫だった。毎晩、しかも複数回、求める。

女はぼやく――

「年寄のくせに豪儀に達者だよ。毎晩毎晩、こんなにされては、どうも続かねえ。そのくせに、ただでもすることが曲《きょく》取《ど》りだのなんのと、色々様々な真似をされるのには困るぞ」

――と、旦那は変わった体位や、変態行為も要求していた。

曲取りは、正常位以外の体位で、変態の意味合いもある。

ともあれ、口入屋で旦那を決める囲い者は、『江戸繁昌記』のランク付けでは「中」と「下」にあたるであろう。

なお、『江戸繁昌記』によると、「下」のなかに

図八　『祝言色女男思』（歌川国虎、文政８年）、国際日本文化研究センター蔵

は、ひとりで五人の旦那を持つ囲い者もいたという。

これは、男が共同でひとりの女を囲う方式で、「安囲い《やすがこ》」と言った。

その仕組みは、五人の男がそれぞれ「一の日（一日、十一日、二十一日）」、「三の日」、「五の日」、「七の日」、「九の日」という具合に、日を決めて均等に女の元に通うというもの。

これだと、男は女を独占こそできないが、一カ月に三回、旦那気分を味わいつつ、負担は普通の場合の五分の一ですむ。

いっぽう、女の側からすれば、たとえば五の日の男が終了して欠員ができた場合、口入屋に行き、

「五の日に空きができたのですがね」

と、募集をすればよい。

ところで、戯作『好色一代女』（井原西鶴著、貞享三年）に、妾を抱えたい男が、希望を述べる場面があり――


「まず歳は十五より十八まで、当世顔は少し丸く……（中略）……足は八文三分《はちもんさんぶ》に定め、親指反《そ》って裏すきて……」


――と、注文は細かい。

注目すべきは足の注文である。八文三分は足袋《たび》の寸法。

足の親指が反るのは、陰部が名器である証拠と考えられていた。

足の裏がすいているは、偏平足ではないという意味。

まさに、商取引で品質に注文を付けるのと同じだった。

【コラム】

女のランク

『吾妻みやげ』（正長軒宗雪著）に、「女色魚に順ず」というランキングがある。女遊びを魚になぞらえ、評価したものである。解説の部分は現代語訳した。

一　太夫格子は鯛のごとし。平人の口に入がたし。
　吉原の太夫や格子などの上級遊女はタイである。庶民はとても手が届かない。

一　品川は鰹のごとし。上下ともに味ひ安し。
　品川宿の遊女はカツオのようなもの。高級も安価もあり、手軽に味わえる。

一　夜たか鯨のごとし。くさみにこまる。
　夜鷹はクジラのようなもの。あそこが臭い。

一　下女は鰯のごとし。好味なれども床いやし。
　下女はイワシのようなものだ。味はいいが、品がない。

一　妾は赤貝のごとし。子をうむと味ひなし。
　妾は赤貝のようなもの。妊娠して子供を生むと、途端に味わいが落ちる。

一　娘は金魚のごとし。いろのさい上。
　未婚の素人の女は金魚で、まさに色事の相手としては最上。

一　女房は鰹節のごとし。さして味ひなけれどあかず。
　女房はかつおぶしのようなもので、たいして味はないが、飽きがこない。

一　人の女房は鰒のごとし。好味なれども命あやうし。
　他人の女房はフグのようなものだ。味はいいが、へたをすると命が危ない。

3　湯女——江戸のソープ嬢

本来は垢すり

湯女《ゆな》は、現代のセックスワーカーではソープ嬢に相当するであろう。

昭和三十三年（一九五八）、売春防止法が完全施行されるのにともない、赤線地帯（公認の売春街）だった吉原の貸座敷《かしざしき》（妓楼）は、すべて廃業した。

なかにはトルコ風呂に転業する貸座敷もあり、やがて吉原はわが国有数のトルコ風呂地帯に変貌した。

なお、昭和五十九年（一九八四）に、トルコ風呂はソープランドと改称された。

つまり、昭和三十三年以降、それまで娼婦と呼ばれたセックスワーカーはトルコ（ソープ）嬢に転身したわけである。

いっぽう、江戸時代初期、湯女と呼ばれるセックスワーカーがいた。

ところが、幕府が吉原（元吉原）遊廓の営業を認めるのにともない、湯女は禁止された。

そのため、湯女のなかには、吉原の遊女に転身する者もいた。

つまり、セックスワーカーとして、

江戸　湯女→遊廓の遊女
昭和　遊廓の娼婦→ソープ嬢（湯女）

と、まったく逆の変身をしたことになろう。

戯作『好色一代男』（井原西鶴著、天和二年）から、当時の湯女の生態がわかる。簡略に現代語訳すると、次の通り。


主人公の世之介は舟で兵庫（兵庫県神戸市）に着いたあと、近くの湯屋（銭湯）に行った。

湯女のひとりに、

「あとで、どうかね」

と声をかけたところ、掛かり湯を汲んでくれるなど、俄然、もてなしがよくなった。

湯屋から出て、世之介が旅籠屋《はたごや》に戻ると、しばらくしてさきほどの湯女がやってきた。

しかし、いざ床入りとなると、世之介は湯女の粗野と下品さにがっかりした。


港町の湯女だったせいもあるのか、セックスワーカーとしての質は低かったようだ。

なお、このとき、世之介はわずか十二歳である。
▼図一は、湯屋の、湯女と客が描かれている。図中の「湯娜」は、湯女のこと。
男と女が図一のような状況に置かれれば、男の方から、あるいは女の方から、

「場所を変えて、どう？」

と、打診し、勧誘し、性的な行為に移行するのは、ごく自然な成り行きではあるまいか。

ただし、春本『好色訓蒙図彙』が刊行された貞享三年（一六八七）は、五代将軍綱吉の時代である。また、絵師の吉田半兵衛は大坂で活躍した。

つまり、図一は、上方が経済・文化的に江戸よりもはるかに優位に立っていたころの、大坂の湯女の風俗と言えよう。

湯女の仕事は、表向きは▼図二でわかるように、客の垢すりなどだった。男から声がかかると、あとで宿泊先などに出向いたのである。

また、図二から、江戸時代初期の湯屋は蒸し風呂だったのがわかろう。当時、大勢が入れるような大きな浴槽を作るのはむずかしかったし、大量の湯を沸かすのは費用がかかったからだ。

蒸し風呂なので、図二でも、湯気を逃がさないように、天井から仕切り板がさがっている。仕切り板と床の間の小さな隙間をくぐるわけだ

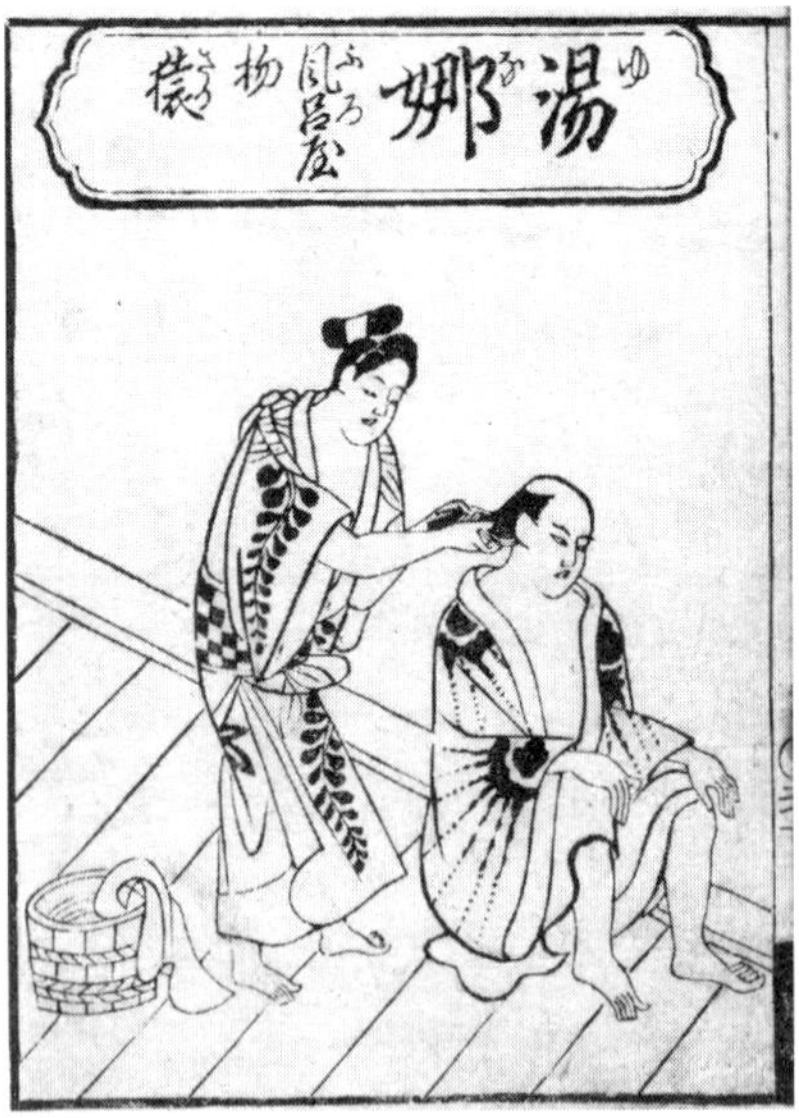
図一　『好色訓蒙図彙』（吉田半兵衛、貞享３年）、国際日本文化研究センター蔵

図二　『好色一代男』（井原西鶴著、天和２年）、国会図書館蔵

が、向こう側に湯船はない。男たちはふんどしをしたまま、仕切り板をくぐっている。湯につかるわけではないからだ。

▼図三も、上方の湯屋の光景である。やはり蒸し風呂で、湯女が垢すりをしてくれた。

では、江戸の湯女の生態はどうだったのだろうか。

江戸の湯屋の実態

湯女について述べる前に、そもそも江戸の湯屋の実態を説明しておかねばならない。

江戸時代初期の見聞を記した『慶長見聞集』（三浦浄心著）に、「ゆなぶろ繁昌の事」として

――

見しはむかし、江戸繁昌のはじめ天正十九卯年夏の比《ころ》とかよ。伊勢与市といひしもの、銭瓶橋《ぜにかめばし》の辺りにせんとう風呂を一つ立る。風呂銭は永楽《えいらく》一銭なり。みな人めづらしきものかなとて入玉《いりたま》ひぬ。

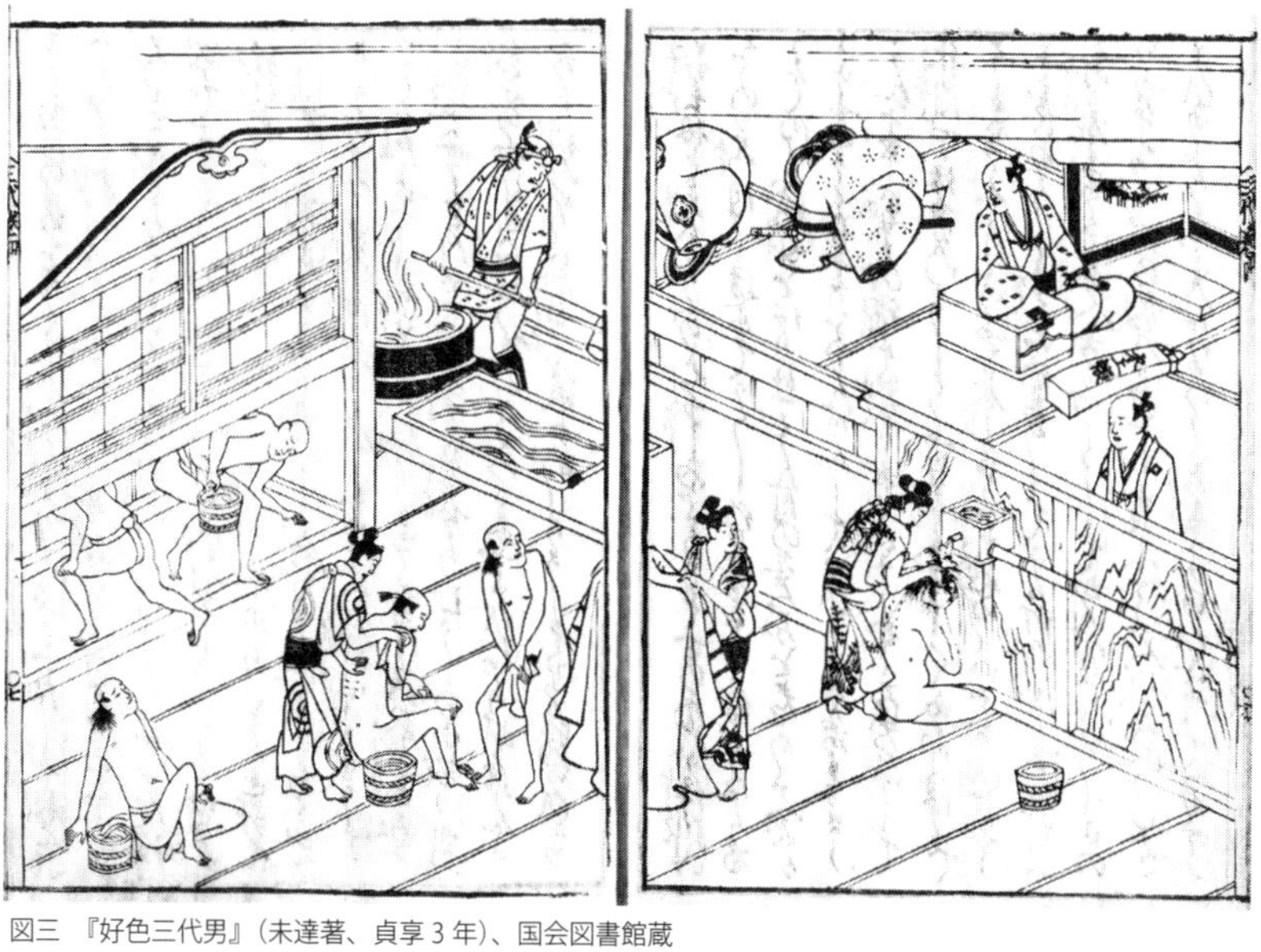

図三　『好色三代男』（未達著、貞享３年）、国会図書館蔵

――とある。天正十九年（一五九一）は、豊臣秀吉の晩年である。

秀吉より領地として関東をあたえられた徳川家康が、前年の天正十八年に江戸にはいったばかりだった。

おそらく上方出身の伊勢与市という男が銭瓶橋（現在の千代田区丸の内一丁目あたりに架かっていた）の近くで銭湯を開業し、評判になった。

当時の湯屋（銭湯）は蒸し風呂で、永楽は永楽通宝のこと。

まだ上方にくらべると辺鄙で質朴な地だった江戸で、初めて蒸し風呂が営業を始め、人々が珍しがった状況がわかる。

▼図四で、当時の蒸し風呂の様子がわかろう。

裸の男ふたりが――

「空風呂《からぶろ》、おはいりなされた故《ゆえ》、垢がよう浮きました」

「空風呂は、垢のよう落ちるものじゃ」

――と、感激している。

「空風呂」は蒸し風呂のこと。要するに、サウナで汗を流し、全身の垢をこすり取るのが当時の入浴である。

また、垢すりなどをする湯女の姿はない。

徳川幕府開府以前の江戸の湯屋には、まだ湯女はいなかった。

慶長八年（一六〇三）、徳川家康が征夷大将軍となり、江戸の本格的な建設が始まった。

建設ブームに沸く江戸に、仕事を求めて若い労働力が大量に流入してきた。そうした若い男たちにとって、性欲をどう処理するかは切実な問題だった。建設途上の都市だけに、男が圧倒的に多かった。

そんな男たちの需要に応じるため、新興都市江戸のあちこちに簡便な女郎屋（売春施設）が林立した。

新しい市場の可能性に目を付け、上方から遊女を引き連れて江戸に出てくる楼主（売春業者）も多かった。

前出の『慶長見聞集』は、まさに「ゆなぶろ繁昌の事」として——

今は町毎に風呂有。びた銭拾五文、廿銭《にじゅっせん》づゝにて入也。湯女といひて、なまめける女ども廿人、三十人ならび居てあかをかき、髪をそゝぐ。扨又《さてまた》、其外《そのほか》によふしょ

図四　『加古川本艸綱目』（増谷自楽著、明和６年）、国会図書館蔵

くたぐひなく、こころざまゆふにやさしき女房ども、湯よ茶よと云ひて持来りたはむれ、うき世がたりをなす。


――と記し、江戸の湯屋がまたたく間に性風俗店になっていったのがわかる。

湯銭は鐚銭《びたせん》で十五～二十文だった。鐚銭は、永楽通宝以外の銭のこと。

湯屋には湯女と呼ばれる、なまめかしい女が二十～三十人いて、垢すりをし、髪を梳《す》いてくれた。そのほか、容色たぐいなく、接客が柔和でやさしい女がいて、

「お湯を、お茶を」

と言って接待し、セックスの相手もしてくれた、と。

性行為の場所は、湯屋の二階など、別室であろう。もちろん、湯銭とは別料金がかかった。

当時、江戸の各地に林立していた女郎屋はせいぜい掘立小屋である。そんな場所で、遊女は汗臭い若い労働者を相手にしていた。

いっぽう、湯女は、本格的な建物の湯屋で、客の相手をする。客の男は蒸し風呂のあと垢を落として清潔で、きちんと髪も結い直していた。

湯女は当時、高級なセックスワーカーだったと言えよう。

湯女は禁止に

江戸では、湯女を置くようになって以来、湯屋の人気は高まった。

入浴だけでなく、湯女が目的で男がやってくるようになったのだ。

江戸初期の風俗を描いた『昔々物語』（享保十七年頃）には、湯女について――

昔は松平丹後守《たんごのかみ》上屋敷《かみやしき》前に町風呂夥《おびただ》しく、結局××美麗を尽し、風呂女とて遊女多くありしか、貴賎諸人入込……（注　××は不明文字）

——とあり、湯女を求めて、武士も庶民も湯屋に押しかけていた。

なお、松平は堀の間違いで、正しくは村上（新潟県村上市）藩の藩主堀丹後守直寄《なおより》である。

堀丹後守の上屋敷は、現在の千代田区神田小川町のあたりにあった。

ということは、江戸市中の大名屋敷の門前に多数の湯屋があり、湯女を目当てに多くの男が詰めかけていたことになろう。

▼図五は、当時の湯屋と湯女が描かれている。

垢すりをしてもらってさっぱりした男が、二階の座敷で湯女と遊興しているところである。もちろん、このあと、床入りした。

湯屋のある場所が大名屋敷の表門前と考えると、

図五　『八十翁疇昔話』（新見正朝著、天保８年）、国会図書館蔵

なんとも大胆で奔放な光景と言えよう。

もし、幕府の役人が見れば、

「湯女ののさばりようは、目に余る」

と、苦々しく感じたに違いない。

これが後述するように、湯女の全面禁止につながった。

元和四年（一六一八）、二代将軍秀忠のとき、江戸に幕府公認の遊廓、吉原（元吉原）が開設された。場所は、現在の中央区日本橋人形町のあたりである。

吉原は公許の遊廓のため、遊女は公娼だった。いっぽう、それまで江戸の各地で営業していた女郎屋の遊女は私娼とされた。

私娼は禁止され、取り締まりの対象となった。湯女も私娼とみなされ、禁止されたのである。

『異本洞房語園』（庄司勝富著）に、吉原の太夫勝山《たゆうかつやま》について――


元は神田の丹後殿前紀国風呂市郎兵衛といふもの方に居りし風呂屋女なりしが、其頃、風呂屋女御《ご》停止《ちょうじ》にて……


――とある。

堀丹後守の上屋敷前に紀国風呂という湯屋があった。勝山はそこの人気の湯女だったが、おりからの湯女禁止にともない、廃業した。

その後、勝山は開設されたばかりの吉原の遊女となるや、たちまち頭角を現し、最高位の遊女である太夫となった。

勝山がしていた髪形をみなが真似し、勝山髷《かつやままげ》と呼ばれるようになった。勝山の人気の高さがわかろう。湯女から吉原の遊女に転身し、たちまち太夫に出世したのだから、勝山を生んだ江戸の湯女は、セックスワーカーとして質が高かったと言えるであろう。

『過眼録』に、明暦元年（一六五五）五月、町触が出て、

　風呂屋に湯女を抱え置くことは禁止
　武家屋敷にも町屋にも、湯女を呼ぶことは禁止

になったとある。

元和四年の吉原開設にともない湯女は禁止されたはずだが、消滅したわけではなかったのがわかる。それまでの派手さを自粛しただけで、その後もひそかに湯女の営業は続いていた。

吉原（元吉原）は開設後およそ四十年で、現在の台東区千束四丁目に移転し、明暦三年（一六五七）から吉原（新吉原）として営業が始まった。

この吉原移転にともない、湯女はきびしく取り締まられ、江戸の湯屋から湯女の姿は消えた。背景には、吉原の働きかけがあった。公許の遊廓である吉原は、湯女の存在は営業妨害であるとして、町奉行所に取り締まりを嘆願したのである。

さらに、江戸の湯屋は蒸し風呂から、水風呂《すいふろ》（浴槽の湯につかる形式、現代のサウナの水風呂ではない）に変わっていったことも、湯女の消滅につながったと思われる。

かくして、江戸時代の初期に、高級セックスワーカーである湯女は江戸から姿を消した。

4
舟饅頭
——船上のセックスワーカー

夜鷹と同じクラス

舟饅頭《ふなまんじゅう》は、隅田川などに浮かべた舟に男を呼び込み、性のサービスを提供した。船上のセックスワーカーと言ってよかろう。

その営業形態は、カーセックスならぬ、ボートセックスである。

江戸市中の見聞を記した『巷街贅説』（塵哉翁著）に、辻君（夜鷹）について記したあと——

寛政の末享和の頃まで、舟饅頭と云しもの有、小き船に苫《とま》かけて河岸々々に漕寄《こぎよせ》つ、あやしき声して客をよぶ辻君のたぐひにして、劣《おとり》たるものとぞ、今は絶てきかず。

——とあり、舟饅頭は夜鷹と同じ、低級なセックスワーカーとしている。

享和（一八〇一～〇四）のころまでいたが、いまはいない、と。

▼図一で、舟饅頭の風俗がわかろう。

舟に屋根が作られているが、これが苫である。苫屋根をかけた舟を、苫舟《とまぶね》とも呼んだ。

岸辺に苫舟を寄せて、道行く男に声をかけ、舟に呼び込んだ。性行為をするのはもちろん舟のなかである。

苫屋根の下には、粗末な布団が敷いてあったのであろう。

図一では、女が火鉢の前で股をひろげ、いわゆる股火鉢《またひばち》をしている。寒い時期、川の上は冷たい風が吹き抜けるだけに、火鉢は必須の備品だった。

戯作『太平楽巻物』（天竺老人著、安永年間）で、お千代という舟饅頭が登場する。

舟に乗り移った男がお千代の器量がよいのを見て、遊里の遊女か芸者になるよう勧めたところ——

「わしらが舟の重宝は、あれみなさえ。苫の脇の四角に空いたところから、おいどを川へ突き出して、しゃっしゃっとはじく気散じ。行く水の流れは絶えず。あとはきれいな潮《うしお》を汲んで、手水水《ちょうずみず》にも事欠かず。また行灯《あんどん》のないうろうろ舟や、一膳二六《にろく》の舟蕎麦《ふねそば》が、毎夜

図一　『盲文画話』、国会図書館蔵

ここを売り歩けば、向こうの人を呼ばずして、居ながら万事の用が足る。三十二文と決まりはあれど、五十、六十、ないしは百、投げ出していく客があれば……」

――と、お千代が啖呵を切った。

舟から尻を突き出して、川に小便をする。そのあと、川の水で手も洗う。

食材を舟に積んだ「うろうろ舟」や、二六（十二文）で蕎麦を食べさせる舟などが毎晩、寄って来るので、それを利用すれば、わざわざ陸にあがらなくても食事には困らない。

また、揚代は三十二文だが、客のなかには祝儀も含めて五十、六十、ときには百文を置いていく者もいる、と。

遊里の遊女や芸者に比べ、舟饅頭のほうがよっぽど気楽な暮らしだよ、というわけである。だが、舟饅頭の一種の強がりと誇張と言ってよかろう。

つまりは、食事も排泄もすべて舟ですませる、

図二　『太平楽巻物』（天竺老人著、安永年間）、国会図書館蔵

言わば水上生活者だった。入浴はせず、せいぜい川の水で体を拭くぐらいだったであろう。

なお、舟饅頭の揚代が三十二文だったのがわかる。
▼図二は、安永年間（一七七二～八一）の舟饅頭の風俗と見てよい。

いつの間にか消滅

享保から文化にかけての風俗を記した『飛鳥川』（八十九翁著）は、江戸には低級の私娼が多いと述べたあと――

　永久橋辺に舟饅頭といふ者出、寛政の頃、みな御停止《ごちょうじ》に成《なる》。


――とある。御停止は禁止のこと。

また、続編『続飛鳥川』には、舟饅頭について――


　竜閑橋の下などへ漕来り、船人の呼び声左の如し、ぼちゃぼちゃのおまんでございい、など、女の名をいふ、あそべば廿四銅《にじゅうしどう》。


――と述べている。

揚代は二十四文だった。夜鷹の揚代と同じである。

現在、東京都中央区日本橋蛎殻町と日本橋箱崎町とのあいだを流れる川に、新永久橋が架かっている。

このやや東に、かつて永久橋が架かっていた。

竜閑橋は、外濠から流れ出て隅田川に通じる神田堀に架かっていた。東京都千代田区神田二丁目のあたりで、現在、橋はない。

江戸の町には縦横に掘割が走り、隅田川に通じていた。この水運の発達を利用して膨大な物資が輸送されていたが、舟饅頭も水運を利用していたわけである。

掘割に架かる橋のたもとに舟を停め、岸辺の道を行く男に声をかけた。

▼図三は、橋の下に停めた苫舟から、舟饅頭が男に声をかけているところである。

図三　『江戸職人歌合』（石原正明著、文化５年）、国会図書館蔵

さらに、寛政から天保までの風俗の変遷を記した『寛天見聞記』は、下級の私娼について述べ――

天明の末迄は、大川中洲の脇、永久橋の辺りへ、舟まんぢうとて、小船に棹さして岸によせて、往来の裾を引、客来る時は、漕出して中洲一トめぐりするを限として、価三十二文也。

――とあり、やはり舟饅頭は永久橋のたもとが多かったようだ。大川は隅田川のこと。隅田川にできた中洲を舟でひとまわりするのが、言わばプレータイムだった。

揚代は、当初は二十四文だったのが、三十二文に値上がりし、定着したのであろう。

ところで、舟饅頭がいた時期に関して、史料により、

天明（一七八一〜八九）の末まで
寛政（一七八九〜一八〇一）ころまで
享和（一八〇一〜〇四）ころまで

と、諸説あるが、少なくとも享和の末にはいなくなったのであろう。

▼図四は、客をおろしたあとの舟饅頭と、船頭が描かれている。舟饅頭と船頭がそれぞれ――

「二十四文が酒を呑んで、三十二文の饅頭を食っていくとは、あの客もおえねえ盗人上戸だ」

「今夜は豪儀に寒い晩だ。皸《あかぎれ》がめりめりして、こてえられねえ」

図四　『世諺口紺屋雛形』（曲亭馬琴著）、国会図書館蔵

――と、ぼやいている。

客の男は二十四文の酒を呑んだ勢いで、揚代三十二文の舟饅頭を買ったのであろう。

「饅頭を食った」は、舟饅頭と情交したこと。

船頭は寒さから、手や足に「あかぎれ」ができているようだ。

寒いため、舟饅頭は股火鉢をしている。図一の舟饅頭も股火鉢をしていた。股火鉢は舟饅頭の風俗と言えよう。

なお、図一〜三ではわからなかったが、図四から、舟には船頭が乗り込んでいたのがわかる。

船頭は用心棒の役目もあろう。一種のヒモだったのかもしれない。

現代で言えば、船頭は派遣型風俗店（デリヘル）の運転手兼監視役だった。

▼図五は、舟饅頭が客を迎えたところである。男は武家屋敷の足軽だろうか。

狭く、揺れる場所での性行為だった。

▼図六は、舟饅頭が男に声をかけ、さそっているところだが、本文に――

　夏は蚊に責められ、冬は行火《あんか》となん言える火鉢ひとつに寒風をしのいで、夜のふけるもいとわず、苫舟の内に……

――とある。

船上のセックスワーカーの生活環境は劣悪だった。

『太平楽巻物』で、お千代が言う「舟饅頭は気楽な暮らし」は、戯作の誇張と諧謔にすぎないであろう。

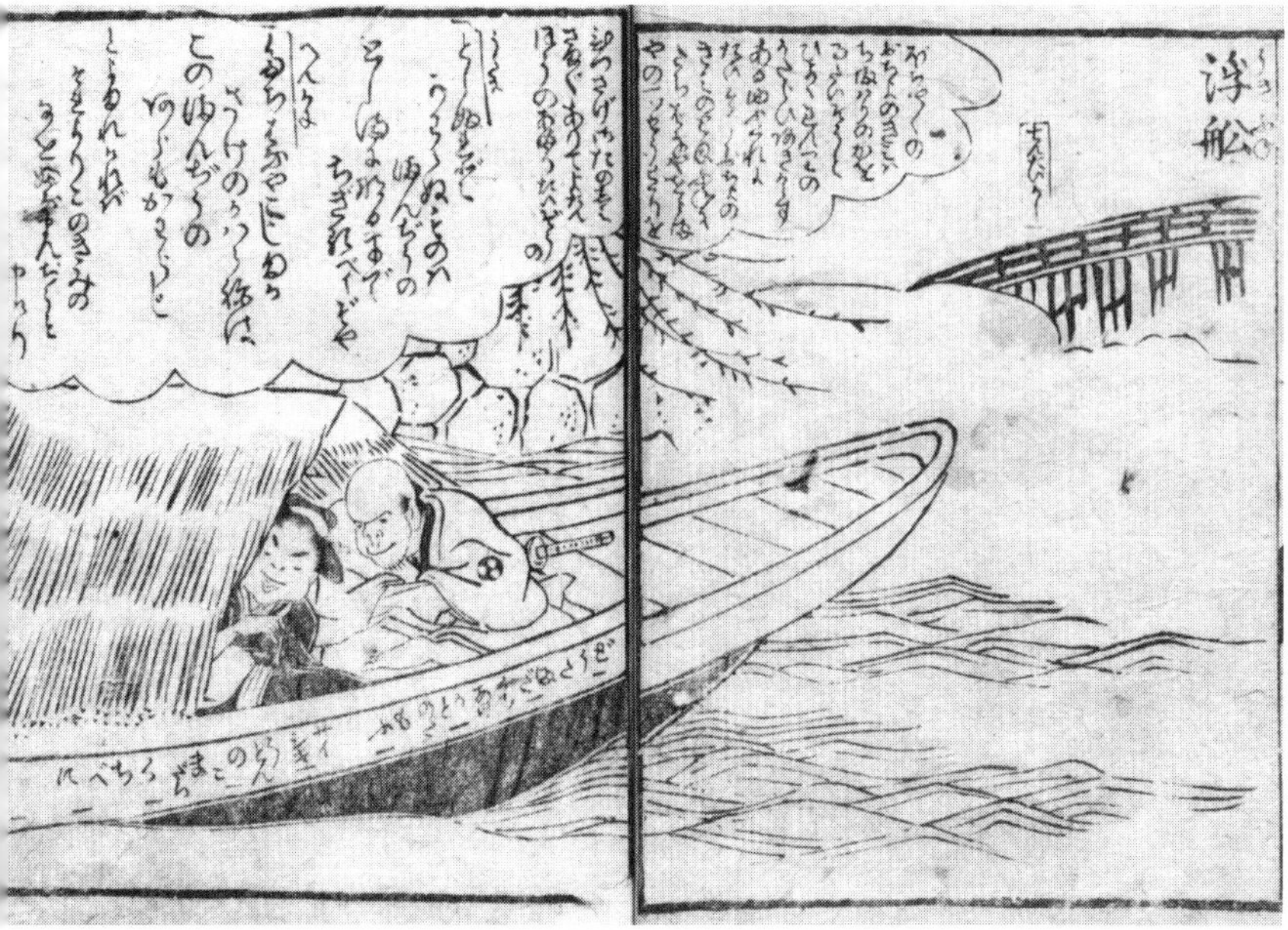

図五　『絵本阿房袋』（桜川慈悲成、寛政 6 年）、国会図書館蔵

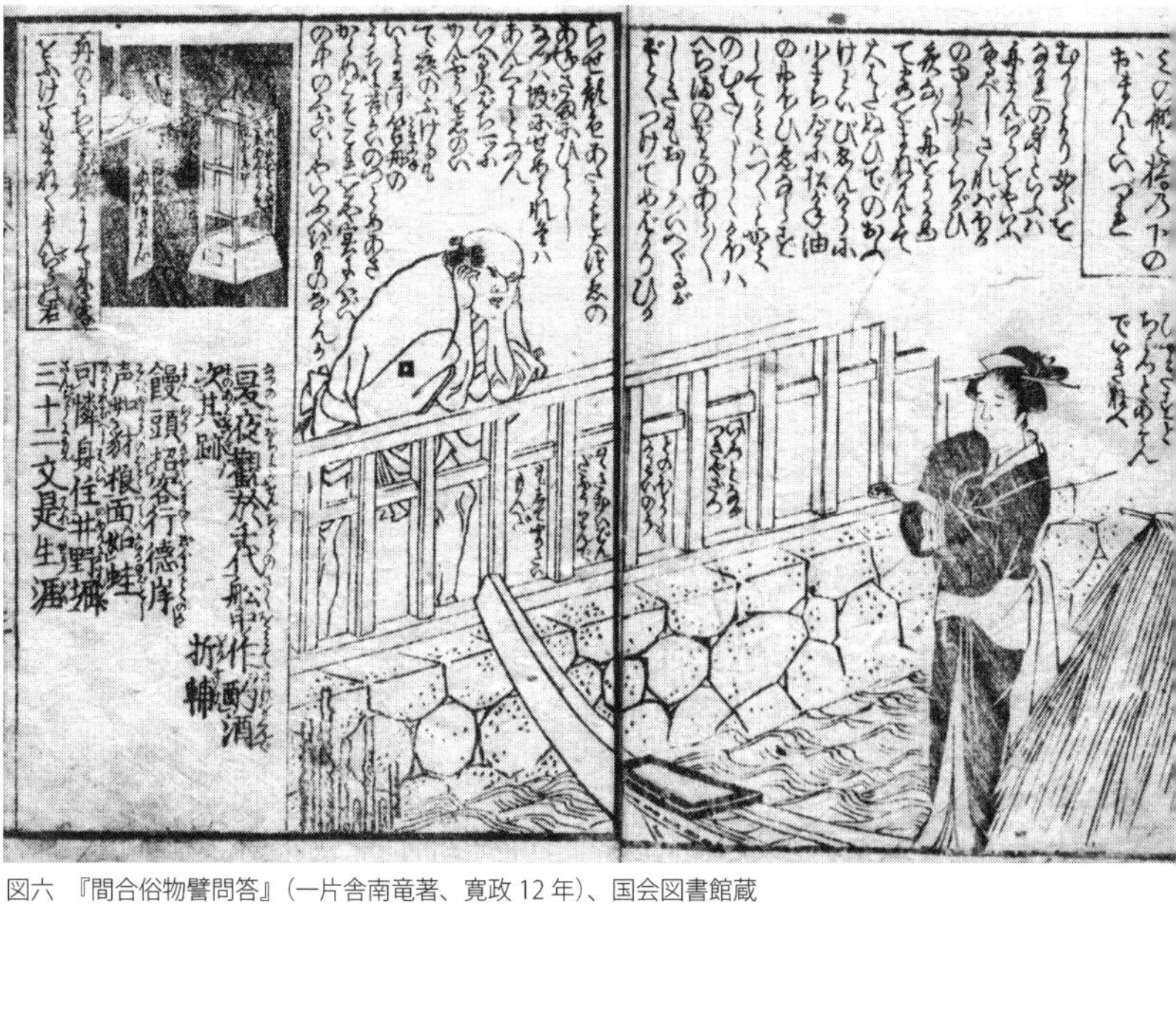

図六　『間合俗物譬問答』（一片舎南竜著、寛政 12 年）、国会図書館蔵

幸せをつかんだ舟饅頭

【コラム】

根岸鎮衛《ねぎしやすもり》は、寛政十年（一七九八）から文化十二年（一八一五）まで、南町奉行の任にあった。根岸の著『耳袋』に、次のような話がある。

ある商家の若い奉公人が大晦日、売掛金を集金しての帰り、隅田川沿いの浜町の河岸場を歩いていて、舟饅頭から声をかけられた。

つい、誘いに乗り、女と情を交わした。

舟から上がり、歩いていて、ふところに入れたはずの財布がないのに気づいた。真っ青になって、途中で落としたのではないかと、これまで歩いた道をたどってみたが、見つからない。

もう、店へは帰れない。男は川に身を投げて死のうかと思ったが、それでも万が一という気持ちから、方々を尋ね歩いた。

元日を過ぎ、四日になって、はっと気づいた。

さっそく先日の河岸場に行き、停泊している舟を丹念に見ていくと、大晦日のときの舟饅頭がいた。男は素知らぬ顔で、舟に乗り込んだ。

すると、女の方から小声で言った。

「おまえさんは、大晦日に来た人だね。忘れ物をしたろう」

「そうです、そうです。その品は」

と、財布の色や形状をくわしく述べ、もし見つからなければ、死んで主人に詫びるしかないと心に決めていたことも語った。

「きっと必死で探しているだろうと思い、あのあと、毎晩、ここに出ていたのだよ」

そう言いながら、女が財布を取り出し、手渡した。

男は感激し、謝礼としてかなりの額を渡そうとした。

しかし、女はほんのわずかを受け取っただけで、

「べつに、お礼など必要ありません」

と、大部分を返した。

男は女の名と、親方の住まいや名を確かめたあと、舟から上がった。

店に戻ると、奉公人が売掛金を持ったまま逐電したと、大騒ぎになっていた。

男は主人の前に出るや、

「恥を忍び、包まず申し上げます」

と、すべてを語り、財布と帳面を差し出した。

主人が照合すると、きちんとそろっている。感嘆して言った。

「賤しき勤めをする身でありながら、そのような正直な心なのは感心だ。それに、おまえにもそろそろ、暖簾分けをしようと思っていたところだった」

そして、主人は男に店を持たせた上、舟饅頭の親方に掛け合い、女を身請けし、所帯を持たせた。

その後、ふたりは夫婦仲も睦まじく、商売も繁盛した。

所帯を持ったあと、女が男にしみじみと言った。

「あの金をおまえさんに返したのは、必ずしもあたしが正直だったからだけではないのです。舟饅頭の親方には貪欲非道の者が多く、配下の女が大金を手にしたのを嗅ぎつければ、殺して奪い取りかねません。

おまえさんは金がないと命を失いかねませんし、あたしは金をおまえさんに渡せば命が助かります。

そこで、誰にも内緒にして、ひたすらおまえさんが探しに来るのを待っていたのです」

卑賤な舟饅頭とはいえ、じつに聡明な女だった。

美談である。人情噺とも言えよう。

著者の根岸鎮衛は、浜町河岸の近くに住む知人から聞いた話としている。

しかし、時期がはっきりしないし、山下の私娼を題材にした同工異曲の話もある。

実話と言うより、一種の都市伝説であろう。

なお、舟饅頭は個人営業のセックスワーカーだが、親方の支配下にあったのがわかる。

5　比丘尼――頭を丸めたセックスワーカー

旅するセックスワーカー

比丘尼《びくに》は本来、出家した女、つまり尼のことである。

▼図一に、比丘尼の姿が描かれている。

ところが、鎌倉・室町時代以降、熊野神社の尼の姿をして諸国を歩き、熊野の厄除けの護符である牛王《ごおう》を売る女を、「熊野比丘尼《くまのびくに》」と言った。

その後、一種の歌を歌って米や銭を乞うようになり、こうした尼を「歌比丘尼《うたびくに》」と呼んだ。

熊野比丘尼や歌比丘尼が、江戸時

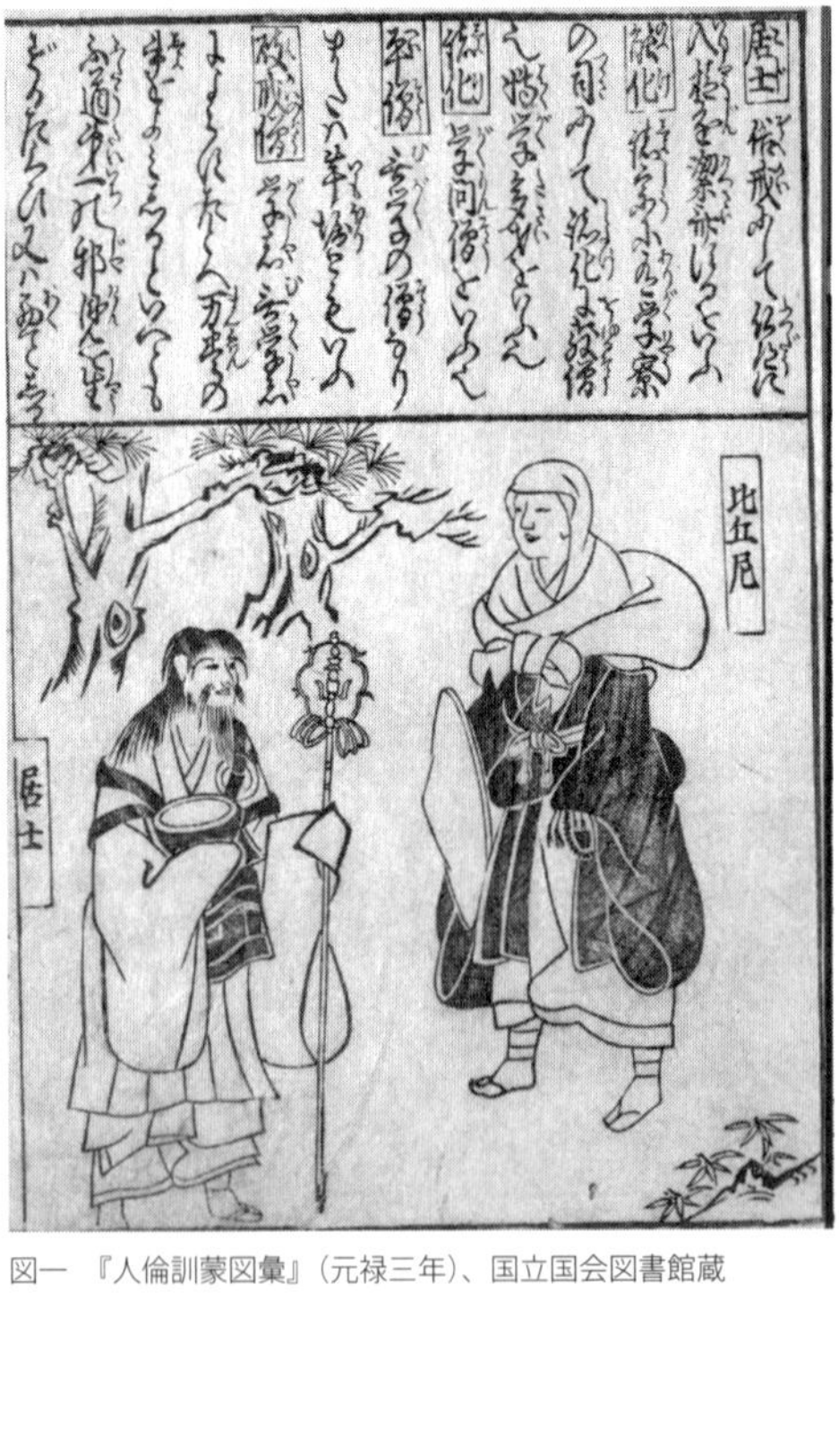

図一　『人倫訓蒙図彙』（元禄三年）、国立国会図書館蔵

代になると、尼の姿で売春に従事するようになった。セックスワーカーとしての比丘尼である。

▼図二は、「唄比丘尼」と記されているが、要するにセックスワーカーの歌比丘尼である。従っている「児比丘尼」は、言わば見習い兼雑用係であろう。

『人倫訓蒙図彙』（元禄三年）は、歌比丘尼について——

もとは清浄の立派《たては》にて熊野を信じて諸方に勧進《かんじん》しけるが、いつしか衣《ころも》をりゃくし歯をみがき頭をしさいにつつみて、小哥《こうた》を便りに色をうるなり。

——と説明し、初めのうちは仏教の尼だったが、しだいに「色を売る」、つまり売春に従事する比丘尼になったことがわかる。

なお、頭を布で包んでいるのは、剃髪しているからである。頭は尼のままだった。

ドイツ人の医師のケンペルは元禄三年（一六九〇）、出島のオランダ商館に着任した。その任期中、二度の江戸参府を経験している。ケンペルの著『江戸参府旅行日記』（斎藤信訳）に、

図二　『盲文画話』、国立国会図書館蔵

比丘尼について——

　何人かのうら若い比丘尼のことにも少し触れておくが、彼女たちも旅行者に近づいて物乞いし、幾つかの節《ふし》のない歌をうたって聞かせ、彼らをたのしませようと努めていた。また、望まれれば、その旅人の慰みの相手になる。

——とあり、ケンペルは比丘尼がセックスワーカーであると見抜いていた。もちろん、通《つう》詞《じ》（通訳）の説明を受けたのであろうが。
▼図三は、志た八という男が旅先で比丘尼を見かけ、その家に招かれて情交している場面である。本文によると、志た八はこう言っている——
「お比丘さん、わっちゃあ、おめえに惚れて、ここまで来たくらいだから、俺が言うことをせえ、聞いてくれりゃあ、どうと

図三　『閨中膝磨毛』（文化〜嘉永年間）、国際日本文化研究センター蔵

もしてえが、何を言うにも長の旅をかかえているから、なんと小遣いを四百やろう。それで、いま、ちょっぴら寝てくれめえか」

——というわけで、図三の場面となった。揚代は四百文である。

ケンペルが目撃した比丘尼も、図三のような女だったであろう。

なお、比丘尼の剃髪した頭は、なんともなまめかしい。この頭に情欲をつのらせた男は少なくなかったに違いない。

江戸で大人気

本来、比丘尼は旅をするセックスワーカーで、相手をするのも旅の男だった。

ところが、元禄（一六八八〜一七〇四）のころになると、江戸に定着し、たちまち人気のセックスワーカーとなった。

吉原の楼主、結城屋来示《ゆうきやらいじ》の著と見られる『吉原徒然草』（元禄末〜宝永初）に、来示が町で比丘尼を見かけたことを記している。わかりやすく現代語訳にしよう。

豆腐屋の裏から、若い尼と、弟子らしき子供の尼が出てきた。つややかな木綿の袷《あわせ》を重ね着して、幅狭の黒い帯をしている。ふたりとも菅笠《すげがさ》をかぶり、子供はなにやら箱を抱えていた。

その風俗を不思議に思い、筆者が人に尋ねたところ、

「それは比丘尼という私娼で、和泉町、八官町などに中宿《なかやど》があり、そこに通っているのです。なかでも、桶町、畳町に中宿のある比丘尼が高級です」

ということだった。

その後、筆者は人に頼んで、比丘尼の中宿に案内してもらい、若い比丘尼のいる家にいった。二階座敷に上がると、ちょっとした料理が出て、酒を呑んだ。だが、すぐに片づけて、布団が敷かれ、床入りとなった。


中宿は、比丘尼と男が会う場所。言わばラブホテルに当たろう。

比丘尼遊びの仕組みがわかる。

なお、来示は、自分の比丘尼体験について——


むねの悪しき心地して、早くにげ帰る事、足も定めがたし。


——と、酷評している。気分が悪くなって、逃げるように帰った、と。

だが、来示は吉原の楼主だけに、比丘尼を認めるわけにはいかなかった。来示の比丘尼評は割引して考えるべきであろう。

ともあれ、比丘尼が江戸で人気があったのは、たしかだった。

『宝永年間諸覚』の宝永三年（一七〇六）の項に、

・五月　江戸を徘徊する浮世比丘尼がしだいに衣装も派手になったので、近く禁止になるであろう。
・六月　比丘尼の中宿が禁止になった。

という意味の記述がある。浮世比丘尼はセックスワーカーの比丘尼であろう。中宿は比丘尼の仕事場所なので、中宿禁止は事実上の比丘尼禁止にひとしい。

▼図四は、「太夫比丘尼道中のてい」とある。太夫は、吉原の最高の遊女の称号である。その太夫の称号を、比丘尼が用いていたことになろう。

太夫と称する比丘尼が、供を従えて歩いているところである。まさに、吉原の太夫並みと言ってよい。いや、公許の遊廓である吉原を、ないがしろにするものと言えよう。

たしかに、こんな格好で町中を歩いていては目立つ。

『宝永年間諸覚』に、近く比丘尼が禁止になるであろうと記していたのは、まさに図四のような状況を、幕府の役人も苦々しく感じたからに違いない。

比丘尼は目立ち過ぎたのである。

『飛鳥川』（柴村源左衛門著、文化七年）に、比丘尼について——

図四　『盲文画話』、国立国会図書館蔵

昔、八貫町、いづみ町に売比丘尼有り、須田町、安宅辺にも多くあり。


――と記しているが、売比丘尼とあるのは、セックスワーカーの比丘尼という意味であろう。

また、『塵塚談』（小川顕道著、文化十一年）に、「勧進比丘尼、売女比丘尼の事」として、次のような内容の記述がある。


私が子供の頃、若い比丘尼が門の前に立ち、びんざさらという竹製の楽器を鳴らし、歌を唄った。連れている子供の比丘尼が柄杓《ひしゃく》を手にしていて、それで米や金をもらった。

いっぽう、売女比丘尼は芝八官町、神田横大工町に住み、美しい着物を着て売春をしていた。

低級な比丘尼になると、浅草田原町、浅草三島門前、新大橋の川端などの家が、二、三人を置いて、売春をしていた。

しかし、いまは売女比丘尼も低級な比丘尼も絶えた。


著者の小川顕道は「勧進比丘尼」「売女比丘尼」「低級な比丘尼」と書き分けているが、すべて事実上のセックスワーカーだったろう。

『飛鳥川』や『塵塚談』の記述からすると、文化年間（一八〇四～一八）までに、セックスワーカーとしての比丘尼はいなくなったようだ。

比丘尼の全盛は、元禄期から宝永の初めころまでだった。その後も、各地に出没したようだが、文化年間までに絶えたと言えよう。

6 ひっぱり

素人をよそおう

世間の風聞を記録した『藤岡屋日記』（藤岡屋由蔵編）の、天保十年（一八三九）四月十二日の項に、次のような記載がある。


天保八年ころから、両国あたりの道端に「ひっぱり」と呼ばれる女が出没するようになった。

みな前垂れをつけ、下駄ばきで夜道に立っていた。

男が通りかかると袖を取って引っ張り、声をかけた。

「もし、どこへでもまいりましょう」

そして、知り合いの家の二階や、居酒屋の二階を借りて情交をおこない、金二朱とか三朱をねだった。

さも、素人の女が生活苦から、やむにやまれず体を売るという演出をしたのである。

素人を売り物にしたのが新鮮だったのか、ひっぱりは大いに受けた。

当初は数人だったのが、いつのまにか百人ほどもの女が毎晩、たむろして男の袖を引っ張るようになった。

その横行ぶりは目に余るというので、ついに天保十年四月十二日、町奉行所が一斉摘発をおこない、三十二人の女を召し捕った。

▼図一に、ひっぱりの風俗が描かれている。いかにも、貧しい家の女房の雰囲気と言えよう。

ところが、ひっぱりをしていた女たちは、もとはみな、本所長岡町にある切《きり》見世《みせ》の遊女だったという。

切見世は簡便な「ちょんの間《ま》」の情交を提供する格安の女郎屋で、長屋形式だった（一九二ページ参照）。

本所長岡町の切見世は、客がなかなか寄りつかず不景気なことから、女たちはがらりと方針を変え、素人女をよそおうことにしたのだ。

切見世の揚代は百文が相場だから、金二〜三朱ははるかに高い。もちろん、部屋を借りる先へ謝礼を払わねばならなかったろうが。

しかし、素人女をよそおったのが受けたわけである。

男たちはみな、だまされていたことになろう。

セックスワーカーにも流行があるし、営業的には男たちの性的好奇心をひきつける演出も必要ということだろうか。

『藤岡屋日記』によると、弘化四年（一八四七）、外堀に架かる新《あたら》し橋《ばし》や、神田川に架かる和泉《いずみ》橋《ばし》の付近に、ひっぱりと呼ばれる年増女が出没した。

男を呼び止めて話がまとまると、自分の家に連れ込んだ。泊まりで金二朱だった。

流行とともに質の低下

『き丶のまにまに』の嘉永六年（一八五三）三月十五日の項に——

近年引はりといひて、夜売女ども両国広小路橋際などに散在して、往来之人を引、此頃ハ本所辺所々に毎夜出居て引、是ハ夜たか又ハ切ミせの打もらされ共也、今日本所にて四十人計召捕はる。

図一　『世渡風俗図会』（清水晴風）、国会図書館蔵

――とあり、徐々に、ひっぱりの質が低下していたことがわかる。

夜鷹や、取り壊しになった切見世の遊女たちが、ひっぱりと称して、てんでに男を誘っていたのだ。

ついに三月十五日には、本所で四十人ほどの女が召し取られた。

そもそも、ひっぱりは道で男を誘う点では、夜鷹と同じである。だが、夜鷹が道端の物陰で性行為をするのに対し、ひっぱりは屋内で情交する。ひっぱりは、現代の「立ちんぼ」に近い。

だが、幕末になると、夜鷹もひっぱりと称していたようだ。

『守貞謾稿』（喜多川守貞著）は、ひっぱりは天保以前からあったが、幕末期になると――


　宿に伴ひ帰るも稀にはこれありと聞くといへども、多くは惣厠《そうかわや》に伴ひ立ちて交合するなり。実に浅ましき行ひなり。一交、大略四十八銭ばかりなり。


――と述べている。

自分の家に連れて行く場合もあるが、たいていは裏長屋の総後架《そうこうか》（共同便所）で、立ったまま情交し、なんともあさましい。揚代はおよそ四十八文だ、と。
▼図二は、裏長屋の総後架で男女が忍び会っている光景。ただし、女がひっぱりかどうかはわからない。
そっと近づいた男が、のぞきながら――

「とんだ所でぼぼをしやあがる。糞《くそ》のようなやつらだ」

――と、悪態をついている。「ぼぼ」は性交のこと。

ところで、裏長屋の総後架の扉は半扉だった。そのため、なかでしゃがんでも外から頭や顔が見えた。図二は春画だが、扉の描写に関してはリアリズムと言えよう。

ひっぱりはこんな総後架に男を引きこみ、立ったまま性交していたのかもしれない。

もう、目も当てられないありさまだった。揚代も四十八文であり、かつての二朱や三朱とはくらべものにならない。

セックスワーカーとしてのひっぱりは、幕末期にはもう終わってしまったと言ってよかろう。

というより、ひっぱりも夜鷹も区別がなくなっていたと言おうか。

図二　『艶本常陸帯』（喜多川歌麿、寛政 12 年）、国際日本文化研究センター蔵

7　見世物

江戸時代、各地の盛り場や神社仏閣の境内などには、多くの見世物小屋があった。
▼図一は、見世物小屋の入口の光景。
入口で、呼び込みの男が口上を述べている。木戸銭は十三文のようだ。

見世物には他愛ないものや、いかさまがいのものもあったが、なかには、猥褻ショーもあった。近代のストリップショーに近い。

こうした猥褻ショーに出演していた女も、セックスワーカーと言えるであろう。

名古屋における見世物の数々を編年体で記した『見世物雑志』（小寺玉晁著）によると、次のような猥褻ショーがあった。

・文政五年（一八二二）三月
女のむき出しにした陰部を、客の男に火吹竹《ひふきだけ》で吹かせる見世物が出た。木戸銭は四文。

真顔で吹き、笑わなかったら、景品が出た。

三味線でお囃子《はやし》を弾き、

「やれ吹く、やれ吹く、それ吹く、それ吹く、それ吹く、どしこ、どしこ、どしこ」

と、囃《はや》し立てた。

しばらくして、禁止となった。

・文政六年十一月

金玉娘という見世物が出た。

女が裾を広げ、股をひらいて見物人に見せた。

垂れ下がった睾丸の後ろに、玉門（陰部）があった。

・天保三年（一八三二）七月二十四日

「みゐれ駒」と名付け、馬が女にのしかかって交接する様子を見せる見世物が出た。

まず、女が先に登場し、続いて馬が出てくる。

女が馬のまわりを一、二度まわり、

「これ、お駒さん」

と言うと、馬はひひんと、いなないた。

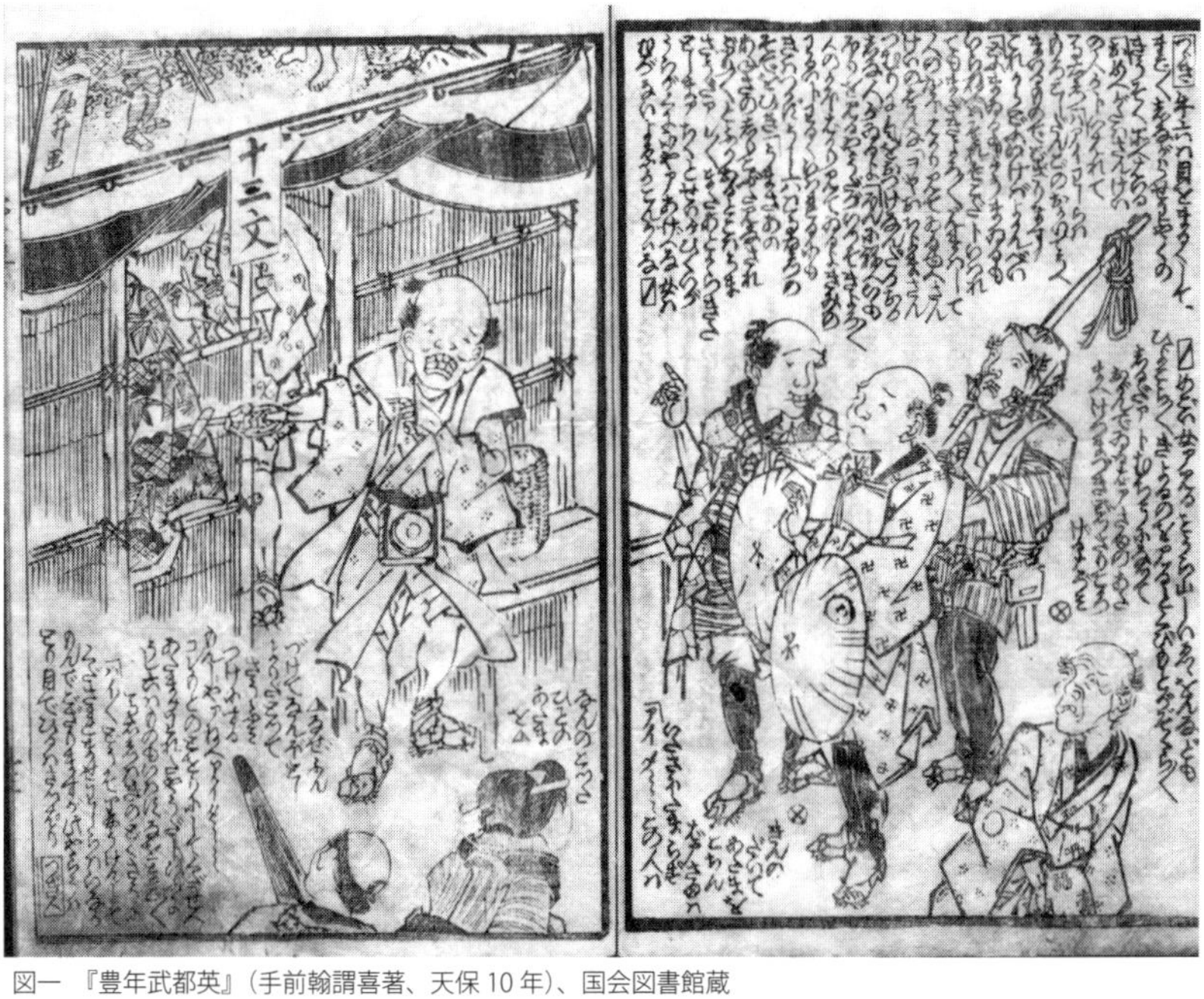

図一 『豊年武都英』（手前翰謂喜著、天保 10 年）、国会図書館蔵

女が言う。

「おまえ、したいか」

馬はひひんと、いななき、体をかがめた女の背後からのしかかり、陰茎の先から淫水をしたたらせた。

九月二日、興行は禁止された。


以上は、名古屋の興行事情だが、江戸も負けてはいない。同様な猥褻ショーは江戸でもおこなわれていた。

両国広小路と山下は、江戸有数の盛り場で、見世物小屋や芝居小屋が建ち並んでいた。

両国広小路は、両国橋西詰（西岸）の広場である。山下は、寛永寺のある上野の山のふもとにあたることから、こう呼ばれた。

『わすれのこり』（安政元年）に、「恥ずべき見世物」として、次のような内容が記されている。


両国広小路や山下に小屋を掛け、興行した。

舞台にふたりの若い女が登場する。

ひとりが着物の裾をはだけて、陰部をむき出しにした。

もうひとりは、先に赤い布で作った陰茎を取り付けた竹棒を持っている。

竹棒を持った女が、陰茎で陰部を突く真似をしながら、

「やれ突け、それ突け、やれ突け、それ突け」

と言いながら踊る。

陰部をむき出しにした女は、

「当ててみるなら、当ててんか」

と言いながら、三味線のお囃子に合わせて、腰を動かした。

▼図二は場所は不明だが、火吹竹で女の陰部を吹く興行である。春本『開談遊仙伝』の本文で、男が説明する――

「あの見世物は、こうでござる。年のころ二十三、四の女、いたってよい器量じゃが、小屋の内で高い所に腰をかけて前をまくり、かの大事のところを突き出して、あそこを見物の者どもに、長い吹き竹で吹かせるのじゃ。それを笑わずに吹く者あれば、景物によい扇を取らせるという噂でござる」

また、画中の人物のセリフは――

女「それそれ、もっときつうくお吹

図二 『開談遊仙伝』(歌川貞重、文政 11 年)、国際日本文化研究センター蔵

きよ。ええ、上だよ上だよ、あれさ、下を下を、それそれ」
男一「はて、とんだ見世物だ。ああ、気が悪くなったわえ」
男二「これは、たまらぬ。いつ見ても悪くない」
男三「あれあれ、奥の院まで見えるわ、見えるわ、ふふふ、こてえられねえ」
男四「こいつは珍しい。奇妙、奇妙、どうも言えぬ、どうも言えぬ」

――という具合である。

なお、男一の「気が悪くなる」は、性的に興奮するという意味。気分が悪くなるという意味ではない。

図二は春画だが、『わすれのこり』の記述からしても、けっして荒唐無稽ではないのがわかろう。


別な記録もある。

紀州和歌山藩の下級藩士酒井伴四郎は万延元年（一八六〇）、江戸詰となり、五月下旬、江戸に到着した。

その日記（『酒井伴四郎日記』）によると、次の通りである。


七月十六日、伴四郎は五人連れで藩邸を出た。

みなで吉原を見物したあと、両国広小路に行き、見世物小屋にはいった。

おこなわれていたショーは、「おめこのさね」で俵や半鐘《はんしょう》を吊り上げるというものだった。

さらに、二十歳くらいの女が陰部をあらわにし、男が張方を挿入すると、女があえぎながら腰を使う出し物もあった。

伴四郎は、「いずれも面白し」と感想を記している。

武士五人が庶民にまじり、ショーをながめている様子が目に浮かぶ。

なお、伴四郎の表記する「おめこのさね」はクリトリスの意味だと思うが、はたして俵や半鐘を持ち上げることができるだろうか。

おそらく俵や半鐘は張子《はりこ》に彩色したものだろうが、クリトリスに糸を付けて持ち上げたのだろうか。

もしかしたら、膣圧で持ち上げたのかもしれない。

かつて、ストリップ劇場には、ストリップ嬢が女性器を使って様々な芸を披露する、「花電車」と呼ばれる出し物があった。

「習字」は、膣にはさんだ筆で文字を書く。「バナナ切り」は、膣に挿入したバナナを膣圧で切断する、などなどである。

伴四郎らが見物したのは、言わば花電車と言えようか。

ともあれ、こんな卑猥なショーが両国広小路で堂々とおこなわれ、庶民のみならず、武士までもが見物していた。

図二は、けっして春画の誇張や虚構ではなかった。

8 地獄

地獄と呼ばれるセックスワーカーがいた。

『守貞謾稿』（喜多川守貞著）は地獄について――


坊間の隠売女《かくしばいじょ》にて、陽は売女にあらず、密に売色する者を云ふ。昔より禁止なれども、天保以来、とくに厳禁なり。しかれども往々これある容子《ようす》なり。

江戸地獄、上品は金一分、下品は金二朱ばかりの由なり。自宅あるひは中宿《なかやど》有りて売色する由なり。


――と述べている。

つまり、町中に普通に暮らしていて、ひそかに売春に従事している女を地獄と呼んだ。

揚代は、上は金一分、下は金二朱だから、かなり高い。セックスワーカーとしては高級と言えよう。

客の男と性行為をするのは自宅、あるいは中宿と呼ばれる中継場所で、料理屋の二階座敷や、貸座敷などである。
▼図一は、料理屋の二階座敷であろう。男女が後背位で性行為をしている。
画中に「馴染みで地獄買いを楽しみにする人」とあるので、女は地獄である。男はしばしば地獄遊びを

図一　『古能手佳史話』（渓斎英泉、天保７年）、国際日本文化研究センター蔵

しているようだ。

料理屋の料金と、地獄にあたえる金を合わせると、かなりの額になろう。図一の男は裕福なのに違いない。

春本『開談夜之殿』（歌川国貞、文政九年）に、地獄が知人の女の家に行ったときの様子が描かれている――

「小母《おば》さん、さぞお待ちだろうが、聞いておくれよ。かの表のむずかしやが来ていたからね、また、なんだの、かだのと言うから、中通りの妙見様へ行くと言って、ようよう出てきました。連れ衆でもあるのかえ」

「なにさ、おめえが、連れ衆のあるお客はいやがんなさるから、連れ衆もなんにもねえ、おとなしいお店《たな》の衆だから、わざわざおめえの所へ行ったのだあな。さっきから待っていなさるよ。たったひとりで、酒を呑んでいなさるから、すぐに二階へ上がんなせえ」

――という具合で、小母さんと呼ばれた女は、自宅の二階を中宿として貸しているようだ。商家の奉公人が伝え聞き、小母さんに地獄を呼んでほしいと頼んだ。小母さんは相手を見て、まずは二階に待たせておいて、地獄をしている女を呼び出す、という流れがわかろう。

▼図二は、知人の家の二階座敷を借りて逢引きをしている男女である。地獄と客の男も、このような出会いだったろう。

『寛天見聞記』は――

裏借家などの幽室に籠り、地獄といふ女も有よし。

――と述べており、これは自分の住む裏長屋に男を招く地獄であろう。

さて、地獄という名称の由来には諸説ある。

『梅翁随筆』によると、素人女を地者《じもの》というが、その地者を「極」内々で呼ぶので、地獄というようになった、と。

『了阿遺書』（村田了阿著）は、地者の「極」上なので、地獄と呼ぶようになった、と。

『月雪花寝物語』（中村仲蔵著）は、秘密の楽しみなので、地獄の楽しみというようになった。地獄の沙汰も金次第だ、と。

『我衣』（加藤曳尾庵著）の文政七年（一八二四）の項に、次のような内容の記述がある。

転《ころ》び芸者や地獄が横行して目に余るので、五月の初め、町奉行所は各所を摘発し、二百七十六人の女を召し取った。うち、百十二人が牢に入れられた。

中橋や京橋がとくに多かった。

転び芸者とは、客の男と寝て金を得ていた芸者である。

当時、芸者と地獄がセックスワーカーとして人気があったことにほかなるまい。

『甲子夜話続編』（松浦静山著）に、次のような事件が記されている。

図二　『古能手佳史話』（渓斎英泉、天保７年）、国際日本文化研究センター蔵

関口の目白不動（新長谷寺）の門前に、数軒の出合茶屋があった。

出合茶屋の亭主たちは相談し、

「いまのままでは、たいして儲からない」

と、近くに住む女と契約して地獄商売をするようになった。

客はひとりで出合茶屋に上がる。客の好みに応じて、茶屋が女を呼び寄せるという仕組みだった。女のほうでも秘密をたもてるため、近所に屋敷のある御家人の妻や娘、後家などが登録するようになった。

亭主が客にささやく。

「お武家のお内儀がいますよ。若いのがよければ、娘も。年増がよければ、後家さんも。いかがですか」

庶民の男にとって、武士の妻や娘、後家と性行為ができるなど夢心地である。

噂が広がり、大いにはやったが、そうなると町奉行所の耳にもはいる。

文政十三年（一八三〇）十月、南町奉行筒井和泉守の命を受けて役人が出合茶屋に踏み込み、茶屋の亭主五人と、十六歳から三十五歳までの女十一人を召し捕った。

事件の顚末を記したあと、著者の松浦静山《まつらせいざん》は、奉行所は幕臣の体面をたもつため、女の身元はいっさい公表しなかった、と付け加えている。

つまり、召し取った女はみな出合茶屋の雇われ女だったことにして、御家人の妻女がいたことは隠蔽したのである。

9 茶屋女・矢場女

▼図一の、右手の、床几《しょうぎ》の上に立って掛行灯《かけあんどん》に灯をともそうとしている女は「茶屋娘」と記されている。左手の、楊弓《ようきゅう》を手にしている女は「楊弓場娘《ようきゅうばむすめ》」と記されている。

要するに、茶屋女と矢場女である。ともに、セックスワーカーでもあった。

さて、茶屋や茶店は時代小説にもしばしば登場する。多くの人が時代小説などを通じてイメージしている茶屋や茶店は、▼図二のようなものであろう。

図二のような茶屋（茶店）では、床几に腰かけて煎茶を飲み、煙草を一服して休憩することができた。茶代は十二文くらい。現代の喫茶店に近いであろう。

美人の看板娘を置いた茶屋もあり、錦絵にも描かれている。こうした茶屋では、客は茶代のほかに祝儀を出した。祝儀を出さない客には、看板娘はろくに口も利かなかった。

ここで、茶屋について整理しておこう。

茶葉を売る店を葉茶屋と言った。▼図三は、葉茶屋の光景である。

いっぽう、湯茶を飲ませる店を、葉茶屋と区別して、水茶屋《みずちゃや》と言った。

この水茶屋を略して、茶屋と呼んだのである。茶屋は茶店とも言った。

また、茶屋の形態は多様だった。

図一　『絵本時世粧』（歌川豊国、享和２年）、国立国会図書館蔵

図二　『娜真都翳喜』（為永春水著、天保年間）、国立国会図書館蔵

掛け茶屋　盛り場や寺社の境内、街道沿いなどにある、葦簀《よしず》で陽射しを防ぎ、床几を数脚並べただけの簡便な茶屋。水茶屋の典型であり、図二はまさに掛け茶屋であろう。

料理茶屋　本格的な造りの建物で、料理屋並みの料理を出す茶屋。

芝居茶屋　芝居街にあり、芝居見物に来た人が飲食を楽しむ茶屋。

出合茶屋　男女に密会の場を提供する茶屋。現代のラブホテルに近い。

陰間茶屋《かげまぢゃや》　男娼である陰間の住居。客は上げない。

図三　『江戸職人歌合』（石原正明他著、文化５年）、国立国会図書館蔵

色茶屋　表向きは普通の茶屋だが、声を掛ければ、奥の座敷で茶屋女と床入りできた。事実上の女郎屋。

もちろん、「色茶屋」という看板が出ているわけではない。口伝えで広がった。

「あそこの茶屋は、女将に頼むと、茶屋女と奥座敷でできるぜ。揚代は〇〇だ」

こうした噂を聞きつけ、男たちはやってきたのである。

色茶屋の茶屋女は、セックスワーカーだったと言えよう。

▼図四は、画中に「色茶屋娘」とある。女は、色茶屋の茶屋女だった。

▼図五に描かれているのは楊弓場で、盛り場や寺社の境内などに多かった。

楊弓場は、楊弓と呼ばれる小さな弓で矢を射て、的に当てる遊びである。近代の射的に近い。

だが、射的が空気銃で景品を狙うのに対し、楊弓場で男が狙うのは矢場娘だった。

図五の画中に――

　矢取り女にのろくなると、老僧が陰間にはまると、いずれ。

――と記されている。

矢取り女に夢中になる男と、陰間に夢中になる老僧と、どっちもどっちだ、と。

矢取り女は、矢場女のこと。客が射た矢を回収することから、矢取り女とも呼んだ。

客が射た矢を、矢場女は四つん這いになって回収に行く。その際、ことさらに尻を突き出し、客をそそった。

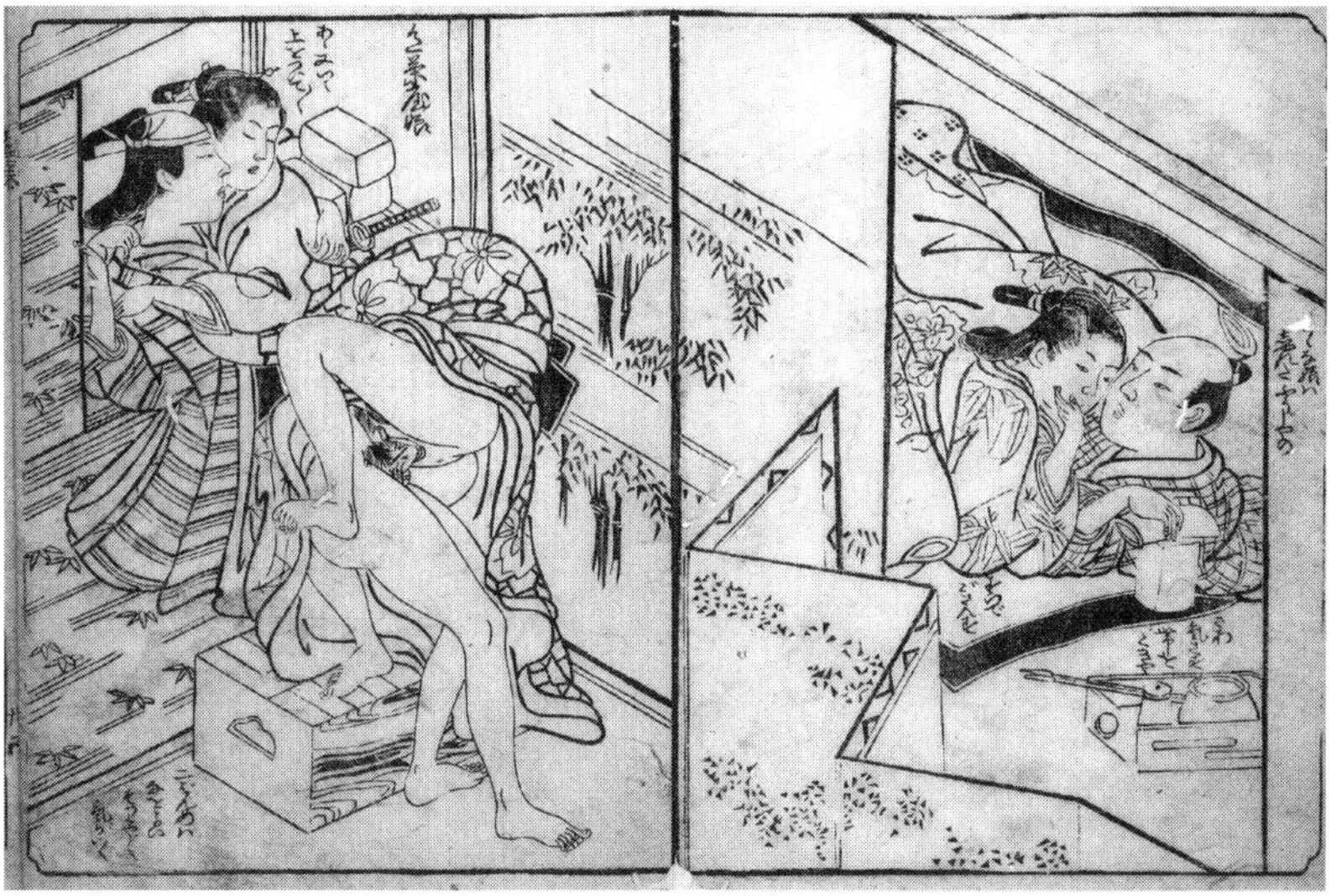

図四　『艶女玉寿多礼』（西川祐信、享保 5 年頃）、国際日本文化研究センター蔵

図五　『間合俗物譬問答』（一片舎南竜著、寛政 12 年）、国会図書館蔵

つまり、矢場女はセックスワーカーだった。楊弓場は隠れ蓑だったのである。

楊弓場が事実上の女郎屋というのは、当時の男には常識だった。

客の男は楊弓で矢を射て遊びながら、矢場女を物色し、気に入れば、奥にもうけられた座敷で床入りした。

▼図六は、楊弓と矢が置かれているので、女は矢場女とわかる。

図六　『股庫想志春情抄』（勝川春章、寛政７年頃）、国際日本文化研究センター蔵

10 娘義太夫

人形浄瑠璃（文楽）は、男の太夫が浄瑠璃の義太夫節《ぎだゆうぶし》を語り、三味線弾きが三味線を弾き、人形遣いが人形を操作する。

人形を登場させるため、人形浄瑠璃を演じるには大きな舞台が必要となる。

いっぽう、寄席などでは、人形なしで、浄瑠璃と三味線だけのことがあった。つまり、太夫が義太夫を語り、三味線弾きが三味線を弾く。

さて、義太夫を語る太夫は本来、男である。ところが、享和・文化（一八〇一〜一八）のころ、義太夫を語る若い女が寄席に出るようになり、人気を博した。これを、娘義太夫や女義太夫、女浄瑠璃と言った。

世相を記録した『藤岡屋日記』（藤岡屋由蔵編）に、文化中頃、若い女が竹染之助という看板を出し――

若衆《わかしゅ》ニて上下《かみしも》を着し出語《でがたる》也、是女太夫出語り之中興開山也、是より又々女浄るり流行致して、

――とあり、竹染之助と名乗り、裃を着て若い男のいでたちをしていたのがわかる。

▼図一は、高座で演じる娘義太夫の光景である。時代は明治期だが、風俗などは江戸時代と基本的に同じと見てよい。

図一　高座で演じる娘義太夫、国際日本文化研究センター蔵

ふたりとも女だが、裃を着て、男のいでたちをしている。また、ここに人気の理由があった。

江戸時代後期の天保（一八三〇～四四）になると、娘義太夫の人気は高まった。娘義太夫を目当てに男たちが詰めかけ、寄席は満員になるほどだった。

ひいき客は、美人の義太夫語りを宴席に呼んで酒の相手をさせ、気前よく祝儀をはずむ。

客の中には、寄席の席亭にそっと依頼する者もいた。

「あの女としっぽり濡れてみたい。金に糸目はつけないから、手配してくれ」

やがて、金さえ払えば、娘義太夫の女が男と寝るのは当たり前になった。

『藤岡屋日記』に、女浄瑠璃の流行を記したあと——

中ニは猥《みだ》りケ《が》間敷《ましき》義も相聞候ニ付、

追々猥《みだら》ニ相成、

――とあり、いつしか、娘義太夫の芸人はセックスワーカーになったのである。

『宝暦現来集』（山田桂翁著）に、天保二年（一八三一）二月十八日、町奉行よりお触れが出たとある。それによると、女浄瑠璃の流行は由々しきことと述べ――

右之内には、売女《ばいじょ》同様の働き致候儀も有之候……

――と指摘している。つまり、女浄瑠璃のなかには売女同様、男と寝て金をもらっている者がいる、と。

そして女浄瑠璃を禁止した。

しかし、娘義太夫の人気は衰えなかった。

『きゝのまにまに』（喜多村筠庭著）の天保十四年（一八四三）の項に――

寄《よせ》と云人集め所、御法度《ごはっと》出たる頃、女の浄るり語り寄場に出て興行する者共、よからぬ事共有、売女にひとしきも有て、多く召捕はれて入牢したり。

――とあり、寄席に出演していた娘義太夫の多くが、売春をしたとして召し捕られた。

「よからぬ事」や「売女にひとしき」は、要するにセックスワーカーだったことを示していよう。

ところで、娘義太夫の芸人は男の格好をしている。つまり、美少年の魅力であろう。ところが、寝床では女である。

妖しい魅力を持ったセックスワーカーと言えようか。男の方も、この淫靡な倒錯に惑溺したに違いない。

▼図二は、画中に「梅の阿由が義妹竹長吉」とある。竹長吉と名乗り、髪は若衆髷《わかしゅまげ》に結い、裃《かみしも》を着ているので、美少年に見える。しかし、実体は女である。「男装の麗人」と言おうか。

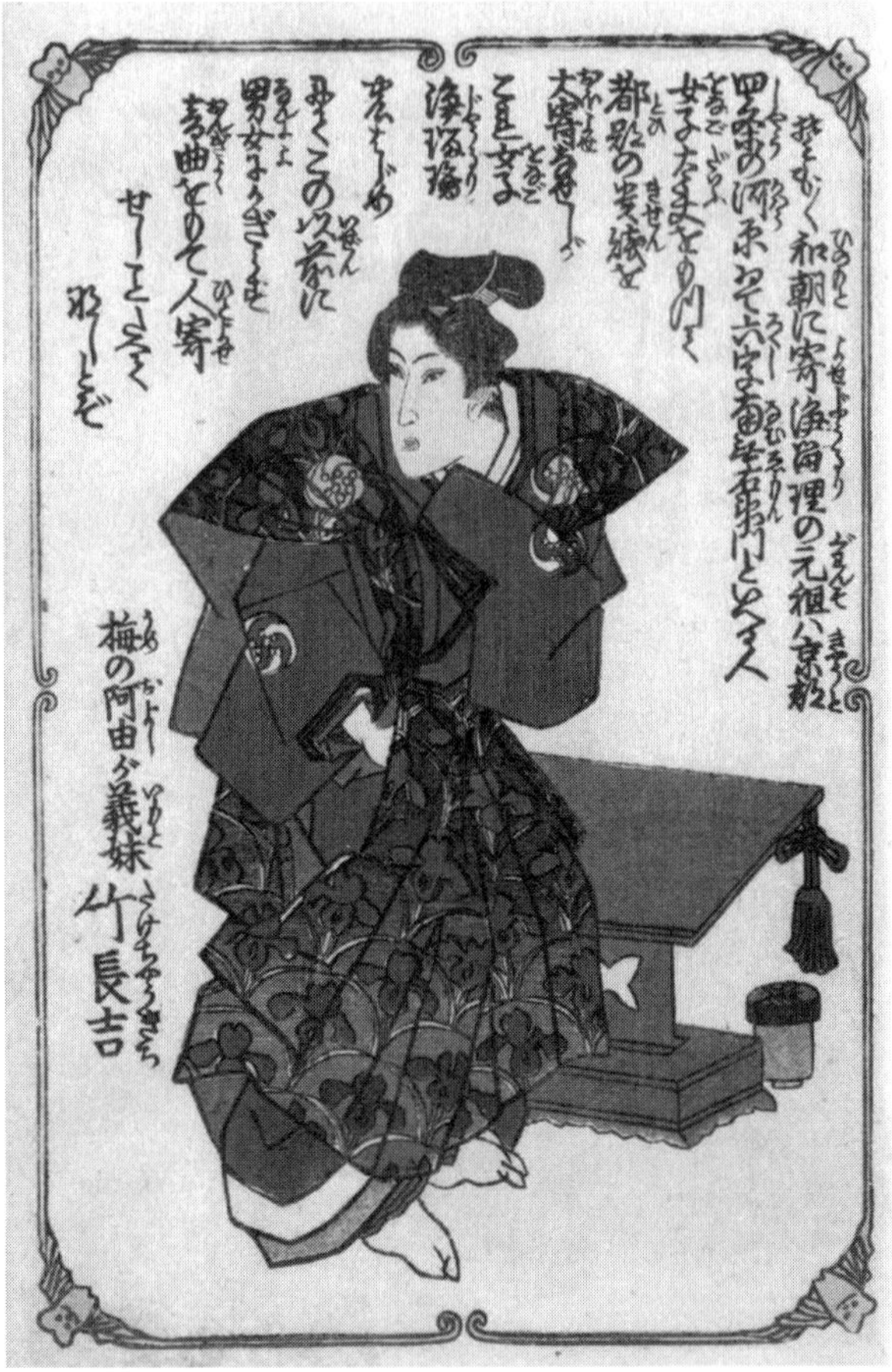

図二　『春色梅暦』（為永春水著、天保４年）、国会図書館蔵

11 綿摘

綿摘《わたつみ》は、塗桶《ぬりおけ》という道具を使って綿をのばし、小袖の中入れ綿や綿帽子を作る仕事のこと。綿摘をする女も、綿摘と呼んだ。

▼図一で、左のふたりの女がしている作業が綿摘である。

この綿摘の女が、売春に従事していた。このことはほぼ常識になっていて、「綿摘」は「副業で売春をしている女」の同義語と言ってよかった。

近代の言い方をすれば、綿摘は女工であろう。副業で売春をしている女工を綿摘と呼んだことになろうか。

『守貞謾稿』（喜多川守貞著、幕末期）に、綿摘について――

> 『武江年表』に曰く、宝永の頃まであかりしわたつみと云ひしも土妓にてありし、云々。綿摘の雇婦に矯けて売女せしなるべし。

――とあり、綿摘がいたのは宝永（一七〇四～一一）のころまでだという。宝永は、五代将軍綱吉の末期から、六代将軍家宣の初期にかけてである。

「土妓」は、遊女ではないのに、こっそり売春をしている女の意味であろう。つまり、綿摘女をよそおい、陰で売春をしていたのであろう、と。

▼図二は、裏長屋の光景だが、左の家の腰高障子には「綿屋」と記されている。なかで綿摘の作業をしている女がいるが、この女は声がかかると、男を引き込んでいたのだろうか。

図二を見ると、綿摘が個人的に体を売っていたかのように思える。

しかし、図一のように数人が働いている光景を見ると、やはり親方がいて、奥の一室で客を取らせていたようでもある。

両方の形態があったのかもしれない。

『吉原徒然草』（結城屋来示著、元禄末〜宝永初）に、かつて大名の妾だった女の言葉を紹介して――

めかけものより傾城《けいせい》は劣《おと》り、傾城より茶やものはおとり、茶やものより綿つみは劣、わたつみより比丘尼は劣、比丘尼よりは夜鷹はおとれり。

――とある。

言わば、当時のセックスワーカーのランク付けといい言ってよかろう。

それによれば、

妾――吉原の遊女（傾城）――売春をおこなう茶屋の女（茶屋者）――綿摘――比丘尼――夜鷹

という順序である。

図一　『百人女郎品定』（西川祐信、享保８年）、国会図書館蔵

図二　『花容女職人鑑』（歌川国貞）、国会図書館蔵

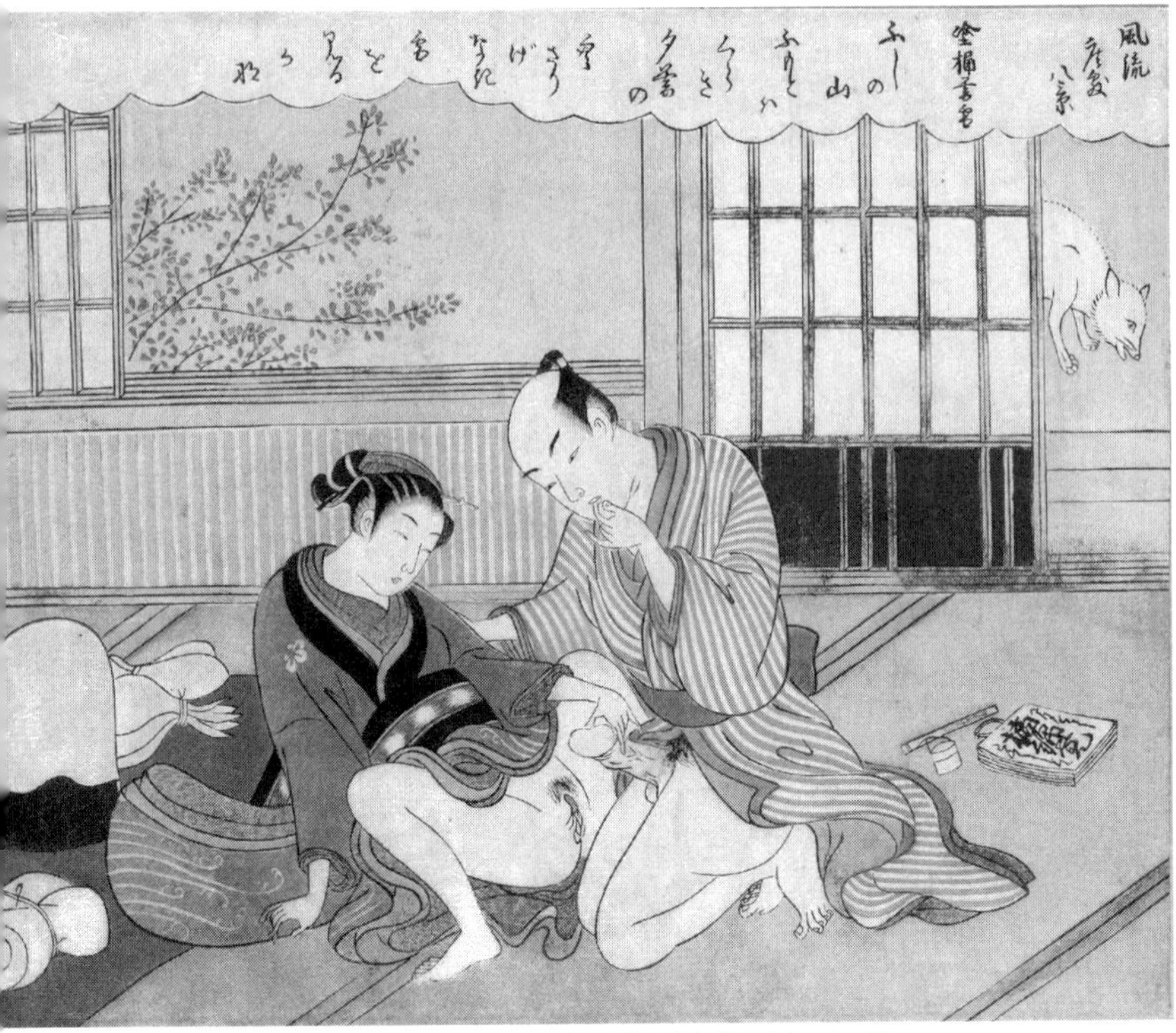

図三　『風流座敷八景』（鈴木春信、明和６年頃）、国際日本文化研究センター蔵

綿摘はけっして上位とはいえないが、元禄～宝永期、セックスワーカーとして有名だったのがわかる。確固たる地位を築いていたと言ってもよかろう。

それにしても、大名の妾だった女の言い分だけに、セックスワーカーの最高位を妾とするのは、我田引水ではあるまいか。

ところで、当時、綿摘のほかにも女工的な仕事はあったはずである。そんなななか、なぜ綿摘だけがセックスワーカーとして有名になったのだろうか。

『人倫訓蒙図彙』（元禄三年）に、綿摘の説明として——

帽子綿、小袖中入、これをつむ女の業ながらも、老女又は小むすめの所作にて、住所《すみところ》閑《しずか》にして、なさけありげに、しおらしく見ゆるは、此わざ也。

――とあり、綿摘の作業は静かで、しかも従事している女は情があり、しおらしく見えたという。

　このあたりに、女工的な仕事のなかでも、とくに綿摘がセックスワーカーになった理由があるのかもしれない。

▼図三は、塗桶と綿が描かれているので、女は綿摘とわかる。男は商家の手代のようだ。

当時、商家の奉公人はすべて住込みだった。主人や番頭の目が光っているので、若い奉公人が夜遊びをするのはむずかしかった。

そのため、商用で外出した機会などを利用して、セックスワーカーを相手に欲情を発散した。つまり、昼遊びである。

図三の男は商用で外出した機会を利用して、綿摘のところに寄ったのかもしれない。

▼図四は、画中に「綿つみ娘」とある。また、足元に帳面と矢立があり、男が商家の奉公人なのを示している。やはり、商用の外出を利用して綿摘のところに寄ったようだ。

図四　『風流色歌仙』（不明）、国際日本文化研究センター蔵

12 芸者

芸者は遊女の下

江戸の芸者は大きく、吉原芸者と町芸者に分けられた。

吉原芸者は、遊廓吉原で働く芸者である。吉原以外の場所で働く芸者は、町芸者と呼ばれた。

▼図一は、吉原芸者である。

左のふたり連れが芸者で、妓楼に向かうところであろう。先を行く男は芸者置屋の若い者で、手にかかえた黒い木箱は三味線箱である。

さて、芸者の方が遊女より上と思っている人は少なくないであろう。遊女は体を売る。いっぽうの芸者は「芸を売っても、体は売らない、芸に生きる誇り高い女」、というわけである。

しかし、身分の実態はまったく逆だった。

遊廓では、あくまで主役は遊女であり、芸者は宴席に呼ばれ、三味線を弾いて座を盛り上げるのが役割である。芸者は幇間《ほうかん》（太鼓持）などとともに、宴席における引き立て役に過ぎなかった。

芸者はけっして出しゃばってはならなかったし、客の男と深い仲になるなどもってのほかである。遊女の領分を侵すことになるからだ。

図一　『吉原十二時絵巻』（文久元年）、国会図書館蔵

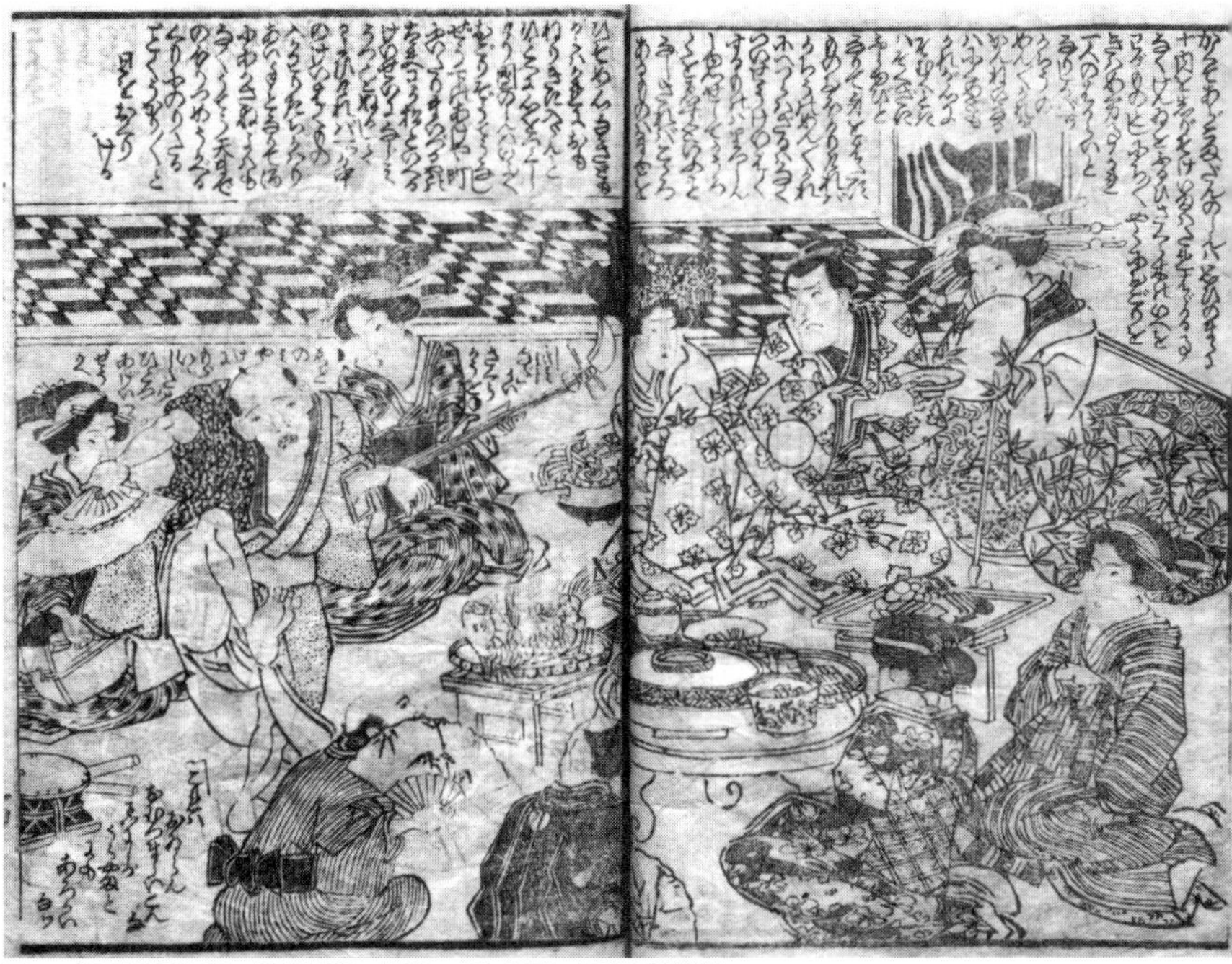

図二　『再度敵討也実』（恋川春町二世著、文政８年）、国会図書館蔵

▼図二は、妓楼の宴席の光景である。
客の右にいるのが花魁《おいらん》、左にいるのは禿《かむろ》である。図の左手で、ふたりで三味線を弾いているのが芸者。踊っているのは幇間である。

吉原では、芸者は必ずふたりで宴席に出るように決められていたが、これは客の男と言い交したりしないよう、相互監視するためだった。

とはいえ、男と女の関係である。また、禁止されればされるほど燃え上がるという、人間の厄介な傾向もある。

人目を忍んだ客の男と芸者の逢引きはしばしば起きて、騒動になった。
▼図三は、引手茶屋の二階で忍び会う芸者と客の男である。一階の床几に座っているのは遊女で、男を待っているようだ。
男は遊女を出し抜き、ひそかに芸者と情交している——

　男「こうして取るが楽しみ」
　女「なんぼ塞《せ》かれても」

——という具合である。

男は禁制を破ることに背徳の快楽を感じているようだ。芸者の方は、禁じられれば禁じられるほど男への思慕がつのるらしい。

しかし、この「浮気」がばれれば、芸者は遊女に手ひどい折檻をさ

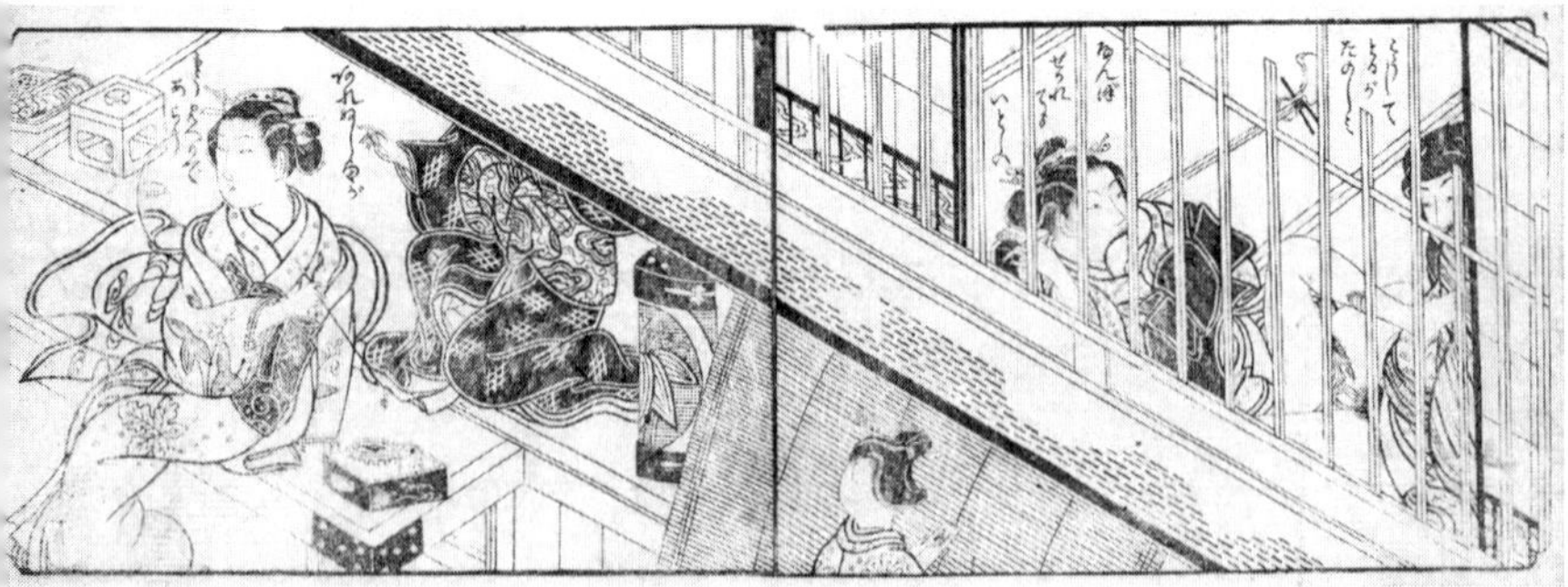

図三　『肉布団』（石川豊信か）、国際日本文化研究センター蔵

れるなど、騒動に発展したに違いない。

図三は春画ではあるが、かなり緊迫した状況を描いていると言えよう。

町芸者は転ぶのが常識

町芸者は、岡場所はもちろん、盛り場の料理屋や、舟遊びをする屋根舟などに呼ばれ、三味線を弾いて酒宴を盛り上げた。

そして、町芸者には、吉原芸者のような「禁制」はなかった。

というより、芸者が「転ぶ」のは、当たり前と考えられていた。転ぶとは、金をもらって男と寝ること。吉原以外では、芸者は公然たるセックスワーカーだったのである。そのため、町芸者には、宴席には必ずふたり一組で出るべしという「掟」もなかった。

とくに、深川の芸者はすぐに転ぶので有名だった。深川の芸者は「辰巳《たつみ》芸者」や「羽織」と呼ばれることが多い。辰巳は、深川が江戸の中心地から見て辰巳（東南）の方角に位置していたため。

たとえば、料理屋の宴席で、芸者が気に入ったとしよう。もちろん、客の男は本人に、

「あとで、どうだ？」

と、ささやいてもよい。

自分から言いにくかったら、料理屋の女将《おかみ》に頼めばよかった。あとは女将が手配をして、奥座敷に寝床を用意してくれる。

もちろん、芸者に渡す揚代のほかに、料理屋にも別途に座敷代を渡さねばならないので、遊女と遊ぶよりは高いものについた。

▼図四は、芸者と客の男。ふたりの遣り取りは――

図四　『会本江戸紫』（喜多川歌麿、享和元年）、国際日本文化研究センター蔵

男「これ、てめえはな、あんよはお下手、転ぶは上手だ。よしかの、よしかの」
女「おめえよりほかに、誰に転んだ。どこで転びやした。さあ、いつ転んだえ。いっそ、おめえのように口の悪い者はねえ」

――という具合で、女は、相手の男以外に転んだことはないと言い張っている。

もちろん、女の言い分は本当ではあるまい。ほかの男にも転んでいるはずだった。

▼図五は、屋根舟で隅田川に、雪見に繰り出した客の男と芸者である。酒や料理も持ち込んでいた。

舟が川に繰り出すと、さっそく始まった――

客「なんと、屋根で雪を見ながらと

図五　『男女寿賀多』（歌川国虎、文政９年）、国際日本文化研究センター蔵

図六　『娘消息』（三文舎自楽著、天保 10 年）、国会図書館蔵

いう遊びも、枕草紙で古いやつだが、まんざら悪くもねえぜ」

芸「あれさ、寒いわな。どうか、おしよ」

客「おっと、承知」

と割り込んで、ぐいと入れるをきっかけに、屋根の簾《すだれ》がバッタリ。

――という具合である。

なお、客の男の言う「枕草紙」とは春本のこと。春本や春画では、屋根舟の中で情交する男女がしばしば題材になっている。

男は春本春画に刺激され、自分も屋根舟で性行為をしてみたかったのであろう。

▼図六は、深川の芸者置屋の光景。なんとも自堕落といおうか。

こうして、芸者たちは料理屋などから声がかかるのを待った。船宿に呼ばれ、客の男と屋根舟に乗りこむこともあった。

なお、芸者がしばしば「隠売女稼業《かくしばいじょ》」をしたとして町奉行所に召し捕られているが、建前では、公許の吉原以外での売春は違法だったからである。

転び芸者は目立ち過ぎると、取り締りの対象となった。

13

陰間

男のセックスワーカー

陰間《かげま》は、男色専門の男娼である。男の相手をする、男のセックスワーカーと言ってもよかろう。

陰間を置いているのが、陰間茶屋である。

江戸時代の中期まで、陰間茶屋は各地に散在していたが、後期になると、芝神明《しばしんめい》（現在の港区の芝大神宮）の門前、湯島天神の門前、芳町《よしちょう》（現在の中央区日本橋人形町のあたり）に集まった。

芝神明門前、湯島天神門前、芳町は、江戸の三大男色地帯と言えよう。

図一は、芳町の陰間である。

画中に「芳潮の若衆《わかしゅ》」とあるが、芳潮は芳町のこと。また、若衆には多様な意味があり、一般に美少年のことだが、陰間を意味することもある。また、男色の相手をそう呼ぶこともあった。

ともあれ、▼図一は享和（一八〇一～〇四）ころの「芳町の陰間」の風俗と見てよいであろう。

ところで、陰間茶屋は陰間を置いているだけで、客は上げなかった。

陰間と遊びたい客は、いったん料理屋に上がり、女中などに頼んで陰間茶屋から陰間を呼び寄せた。

床入りするのは、料理屋の奥座敷である。言わば、派遣型（デリヘル）の方式だった。

図一　『艶本葉男婦舞喜』（喜多川歌麿、享和２年）、国際日本文化研究センター蔵

陰間茶屋は、管理事務所兼陰間の独身寮といえよう。

▼図二は、陰間が陰間茶屋の若い者に付き添われ、料理屋などに出向くところである。

▼図三は、芳町の料理屋。階段をのぼろうとしているのが陰間で、荷物をかついでいるのは若い者である。

客にしてみれば、料理屋で酒や料理を楽しんだあと、奥座敷の寝床で陰間と享楽できた。だが、当然、客の負担は大きくなった。

そもそも、陰間の揚代は、一般的な遊女よりも高かった。戯作『真女意題』（禰宜天竺唐人著、安永十年）に、

「陰間は女郎より南鐐《なんりょう》一ッ片高い」

という意味のことが書かれている。

陰間の方が遊女より、南鐐二朱銀のぶんだけ高い、という意味である。

『男色細見　三の朝』（平賀源内著、明和五年）によると、芳町では昼四切《よつぎり》、夜四切にして、つまり昼間を四等分、夜間を四等分して、一ト切《ひときり》（約三時間）が金百疋（金一分）だった。

金一分の揚代に、酒食の代金と座敷代が加算されるのだから、かなり高いものについた。

図二　『江戸男色細見』（写）、国会図書館蔵

図三　『絵本吾妻抉』（北尾重政、寛政９年）、国会図書館蔵

戯作『東海道中膝栗毛』（十返舎一九著、文化六年）に、こんな場面がある。

小田原の宿屋で、喜多八が五右衛門風呂の釜を踏み抜いてしまい、詫びとして金二朱を払う羽目になった。

しょんぼりしている喜多八に、弥次郎兵衛がこうなぐさめる――


「釜を抜いて二朱では安い。芳町に行ってみや、そんなこっちゃねえ」


――もちろん、なぐさめにはなっていない。

「釜」には、肛門の意味があった。転じて、男色も意味した。

また、「釜を抜く」は、肛門性交を意味した。

たしかに、芳町の陰間の揚代は金一分（四朱に相当）だから、二朱ではやすい。

とはいえ、下品な冗談である。

では、なぜ陰間の方が遊女よりも揚代が高かったのであろうか。

盛りは十六、七歳まで

陰間の方が遊女より揚代が高かったのは、その盛り（実働期間と言ってもよい）が短かったからである。

たとえば、吉原の遊女の年季は「最長十年、二十七歳まで」という原則があった。だが、年季が明けて二十八歳で吉原を出た女が、今度は岡場所や宿場で遊女になる例は珍しくなかった。客が付く限り、遊女に年齢制限はなかった。

ところが、陰間は美少年が好まれたため、盛りは短かった。その魅力はせいぜい十六、七歳までと言われたほどである。

二十歳過ぎると、みな転業した。というより、もう客が付かず、陰間としてやっていけなかったのである。

陰間のその後については、後述しよう。

さて、陰間遊びの具体的な手順を、春本『天野浮橋』（天保元年）で見ていこう。次に、わかりやすく現代語訳した。

なお、当時、僧侶は女色は禁じられていたが、男色は自由だった。

また、芳町では陰間を「子供」、陰間茶屋を「子供屋」と呼んだ。


禅宗の寺の住職学心が、地方から修業に来た明心という若い修行僧をともない、芳町にやってきた。

料理屋の暖簾をくぐる。

奉公人が学心を見て言った。

「心さんがおいでじゃ」

女将が住職を出迎える。

「おや、このあいだから、哥菊《うたぎく》さんも待ちかねて、たびたびのお噂。まずまず、二階へ。

このお方は、初めておいでで？」

「これは田舎者。江戸見物のついでに、この辺の楽しみも見せようと、連れてまいった」

「そりゃ、よろしゅうございます。さいわい、下《くだ》り子《こ》に千代菊さんというよい子供がいます。あの子を呼んでおあげなすったらよかろう」

「ちょっと一ト切、遊んでいこう。早く口をかけたい」

それを受け、女将が女中に命じる。

「これ、お常や、早く子供屋へ口をかけ、哥菊さんに千代菊さん、大急ぎというがよい」

女中のお常がさっそく陰間茶屋に向かった。

しばらくして、陰間茶屋の若い者に連れられて、哥菊と千代菊が料理屋にやってきた。ふたりは、振袖に駒下駄のいでたちだった。

すぐに、二階の座敷に上がる。

座敷で挨拶を終えると、酒と料理が出て、しばらく話をする。

そのあいだに、女中が奥座敷に布団を敷き、くくり枕を並べて、寝床のまわりを屛風で囲った。

「もしえ、お床がまわりました」

これを聞いて、学心と哥菊、明心と千代菊はそれぞれ、用意された寝床に行く。

寝床で、哥菊は帯を解き、振袖を脱いで

図四　『天野浮橋』（柳川重信、天保元年）、国際日本文化研究センター蔵

屏風に掛けた。下着の長襦袢姿で、懐紙と通和散《つうわさん》を持ち、階段をおりて、一階にある便所に向かう。

哥菊が一階に行ったあと、学心は帯を解き、ひとりで寝床に横たわった。

いっぽう、哥菊は便所で通和散をつばで溶き、肛門に塗り付けた。手を洗ったあと、二階の学心のもとに戻る。明心の相手の千代菊も同様である。

寝床に戻ると、学心は自分の陰茎を哥菊の肛門に挿入した。屏風でへだてられた隣の寝床では、明心が千代菊相手に、同様のことをしている。

学「ああ、かわいいよ。もう、いきそうだよ」

哥「わたしも、いい心持ちだ」

学「それそれ、もう、いくよ、いくよ」

こうして行為が終わると、学心は揉んだ紙で陰茎を拭き、哥菊のそばに横になった。

しばらくすると、階段をとんとんと、上がる音がして、女中が言った。

「おふたりさま、お迎いでござります」

哥菊と千代菊に、別な客から声がかかったのだ。


陰間遊びの手順がわかろう。

なお、通和散は、トロロアオイの根で作った、潤滑用ローションである。肛門性交をする陰間の必需品だった。
▼図四は、客の僧侶と陰間の肛門性交を描いている。場所は、芳町の料理屋の奥座敷。

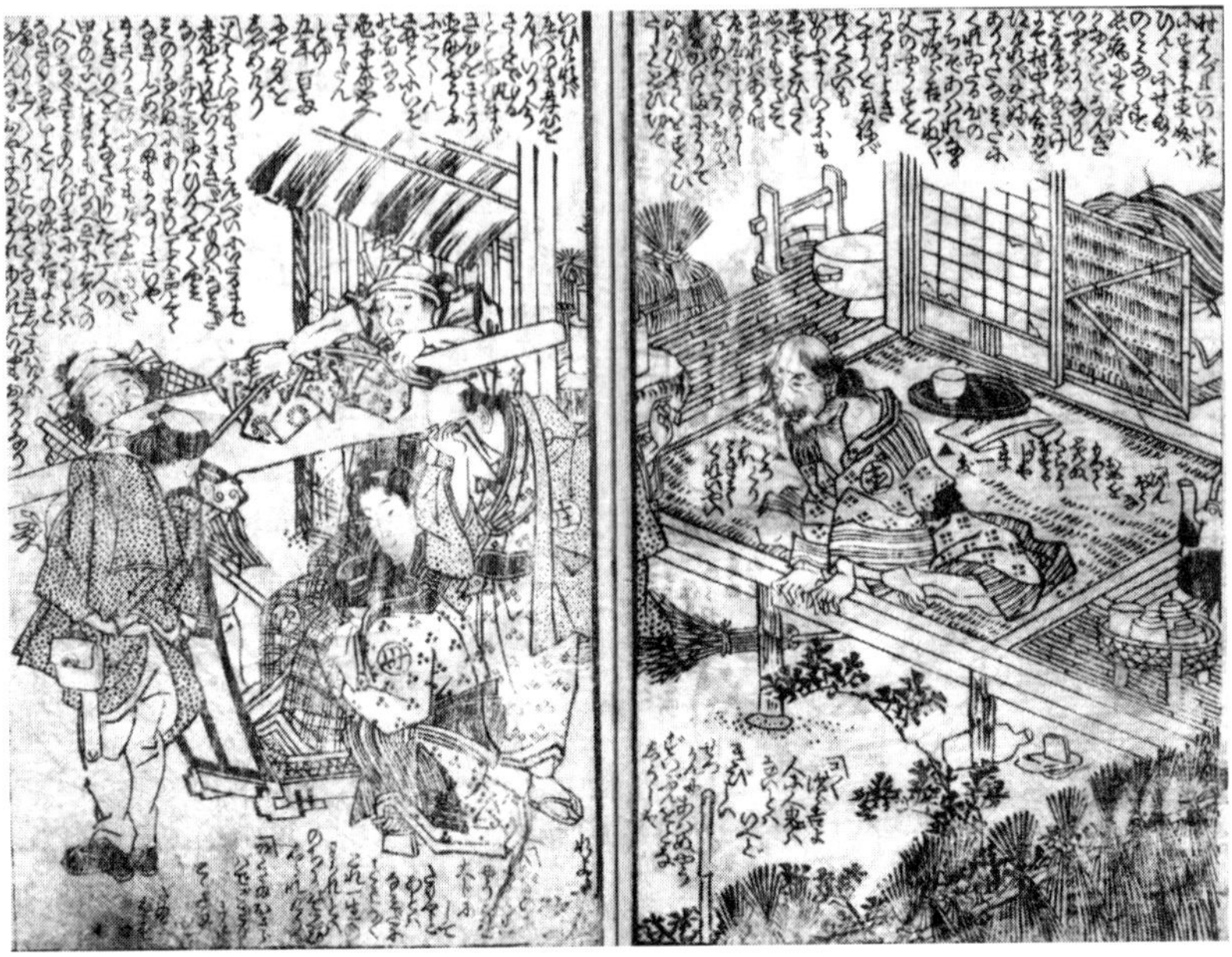

図五　『坂東太郎強盗譚』（式亭三馬著、文政８年）、国会図書館蔵

上方出身が好まれた

陰間は幼いころ、貧しい親に売られ、陰間茶屋に連れられてきた者が多かった。事実上の人身売買であり、実態は遊女と同じだった。

▼図五は、父親が病気で困窮したため、治郎吉という息子が陰間に売られていくときの情景である。

駕籠のそばで涙をぬぐっている男は、世話をした名主。

そばにしゃがんだ母親は、息子にこう言い聞かせている――

「これこれ、治郎吉よ、人に人鬼はないとは言えど、きびしい折檻にあわぬよう、随分、おとなしゅうしやれよ」

――親子の別れは、娘が遊女に売られていくときの愁嘆場と同じと言ってよい。

図六　『風流艶色真似ゑもん』（鈴木春信、明和７年頃）、国際日本文化研究センター蔵

また、陰間の世界では、関東出身は野卑であるとして、上方から下ってきた少年が高級とされた。

そのため、実際は関東出身でも、「下《くだ》り」や「新下り」と称して売り出すのが通例だった。

前出の『天野浮橋』で、料理屋の女将が、千代菊を「下り子」と称していた。要するに、上方出身だと言って推薦していることになろう。

▼図六は、料理屋の二階座敷の光景。陰間が上になり、肛門性交をしながら——

「おお、腕がだるうて、しんどうなった」

——と、上方言葉でつぶやいている。

この陰間は上方出身ですよ、と示していることになろう。

『天野浮橋』に、陰間の哥菊が、客で住職の学心に嘆く場面がある。わかりやすくするため、一部書き直した。

「遊女は馴染みになると、請け出して一生、夫婦になる。陰間は年を取ると、おちんこも大きくなり、毛が生えて、尻が痛くなる。わずか四、五年の間。先を考えてみれば心細いもので、親や親類は上方にて、十三の歳、別れ、下りしより音も便りもなし。年明けても国へは帰られず、西を見ても東を見ても他人の中」

哥菊も上方の生まれで、十三歳のときに売られ、江戸に連れてこられたようだ。

ただし、遊女の身の上話があてにならないのと同じで、陰間の身の上話も必ずしも信用はできない。もしかしたら、哥菊も実際は関東出身かもしれなかった。

というより、関東出身の陰間が上方出身を自称しているのは、当時の常識だった。

陰間の訓練

図五のような経緯で陰間茶屋に売られた少年にとって、陰間になるための大事な研修のひとつが、肛門の訓練である。

▼図七は春本『艶道日夜女宝記』（明和年間）からで、画題に「衆道《しゅうどう》仕入の図」とある。衆道は男色のこと。

つまり、陰間茶屋の主人が、あらたに仕入れた十二、三歳の少年に、衆道を仕込んでいるところである。

同書に書かれている内容を現代語訳し、整理して次に示そう。

右手の指の爪をよく切っておいてから、最初の夜は、油薬などを塗ってすべりをよくした小指を、男の子の肛門に挿し込む。スッとはいるようなら、翌日か翌々日、今度は薬指を挿し込み、抜き差しを繰り返す。

一日置いてから、三度目は人差し指を挿し込む。

次の日は、中指を入れてみて、さらには親指を押し込み、よく慣れさせる。

その後、人差し指と中指の二本を合わせて挿し込み、抜き差ししてから、いよいよ陰茎を挿入するようにする。

こうすれば、自然と肛門を拡張して、どんな陰茎でも受け入れられるようになる——と。

けっして無理をせず、日数をかけて順応させているのがわかる。時間をかけて育てていると言ってもよかろう。

しかも、最後は「尻によりて早いおそい有也」と注意し、個人差に配慮するよう求めている。

図七　『艶道日夜女宝記』（月岡雪鼎、明和年間）、国際日本文化研究センター蔵

とはいえ、これは決して人道主義からではない。陰間茶屋の主人が少年を大事にしたのは、要するに金を払って仕入れた商品だったからである。

▼図八は、画中に「頑童買之図」とあり、「頑童」を「かげま」と読ませている。この陰間は、まだ客を取り始めて間がないに違いない。

さて、こうして陰間に育てても、その盛りは短かった。

二十歳を過ぎると陰間として通用しなくなるので、転業して堅気の商人になる者もいたが、ごくまれである。たいていは、幇間などの芸人や、女の相手をする男妾になった。男妾は、言わば売春夫である。

陰間から男妾になっても、セックスワーカーという点では変わりはない。男妾については、別項で述べる。

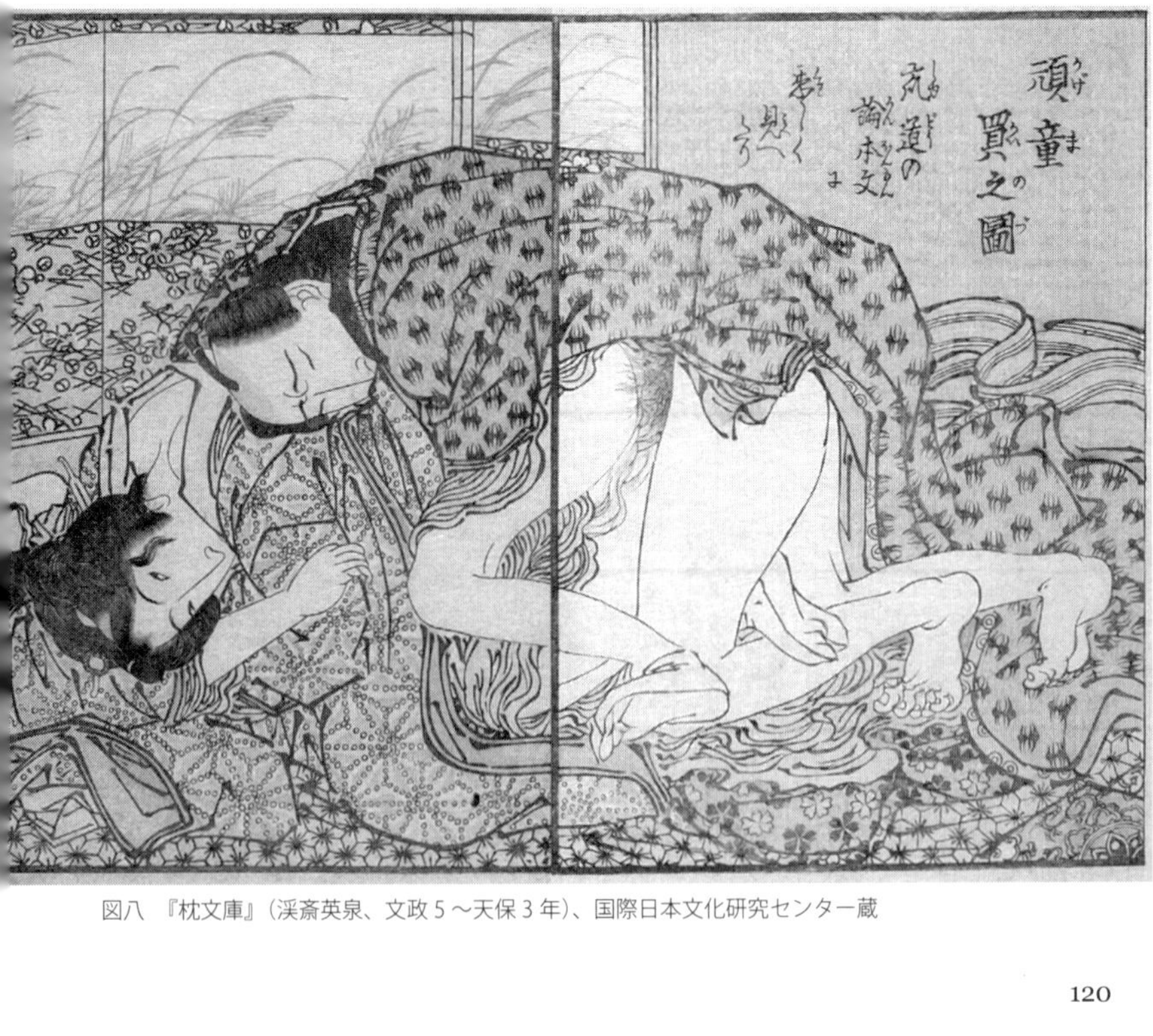

図八　『枕文庫』（渓斎英泉、文政５～天保３年）、国際日本文化研究センター蔵

14 舞台子

若手の歌舞伎役者は、副業で陰間をすることが多かった。こうした役者の陰間を、舞台子《ぶたいこ》と呼んだ。舞台子は、言わばアルバイト陰間と言えよう。

▼図一は画中に「舞台子の図」と記されている。

場所は、芝居街にある芝居茶屋の二階座敷であろう。舞台子は芝居の幕間《まくあい》に、女形の衣裳のままでやって来たようだ。客の男は――

「女形の姿そのままが、賞玩《しょうがん》、賞玩」

――と感激している。

女のかっこうをしているが、実際は男であり、おこなうのは肛門性交である。一種の倒錯の快楽と言えようか。

現在でも、舞台だけでは生活できないため、各種のアルバイトをしている役者は珍しくない。江戸の役者はアルバイトで、舞台子というセックスワーカーをしていたと言ってもよかろう。

『男色大鑑』（井原西鶴著、貞享四年）に、大坂の歌舞伎界の状況として――

とかく合点する夜の客さえあれば、質は置かずに年はとるなり。

――とある。

華やかな世界であっても、貧乏な若い役者はたくさんいた。だが、そんな役者でも舞台子として金持ちの男をつかめば、質屋通いをしなくても安心して年越しができたのである。

ただし、それなりにつらい。同書で、ある客が冗談交じりに、蛍も尻の勤めと言ったところ、舞台子がしみじみ言う――

「されどもこれは夜ばかりにして、昼、隙《ひま》のうらやまし。我はかくありて、昼また舞台の勤め、やるせなきに」

蛍は夜だけで、昼は休める。ところが舞台子は夜の勤めをしても、昼は舞台の勤めがあったのだ。

江戸の歌舞伎界でも、事情はまったく同じだった。

▼図二は、画中に「遊芸未浮内穴専欲商売」とある。漢文表記で重々しいが、要するに、

　役者として一人前になる前は、もっぱら穴（肛門）で稼ぐ。

という意味になろうか。

なんとも露骨だが、舞台子をしなければ多くの若い役者は生活が成り立たなかった。

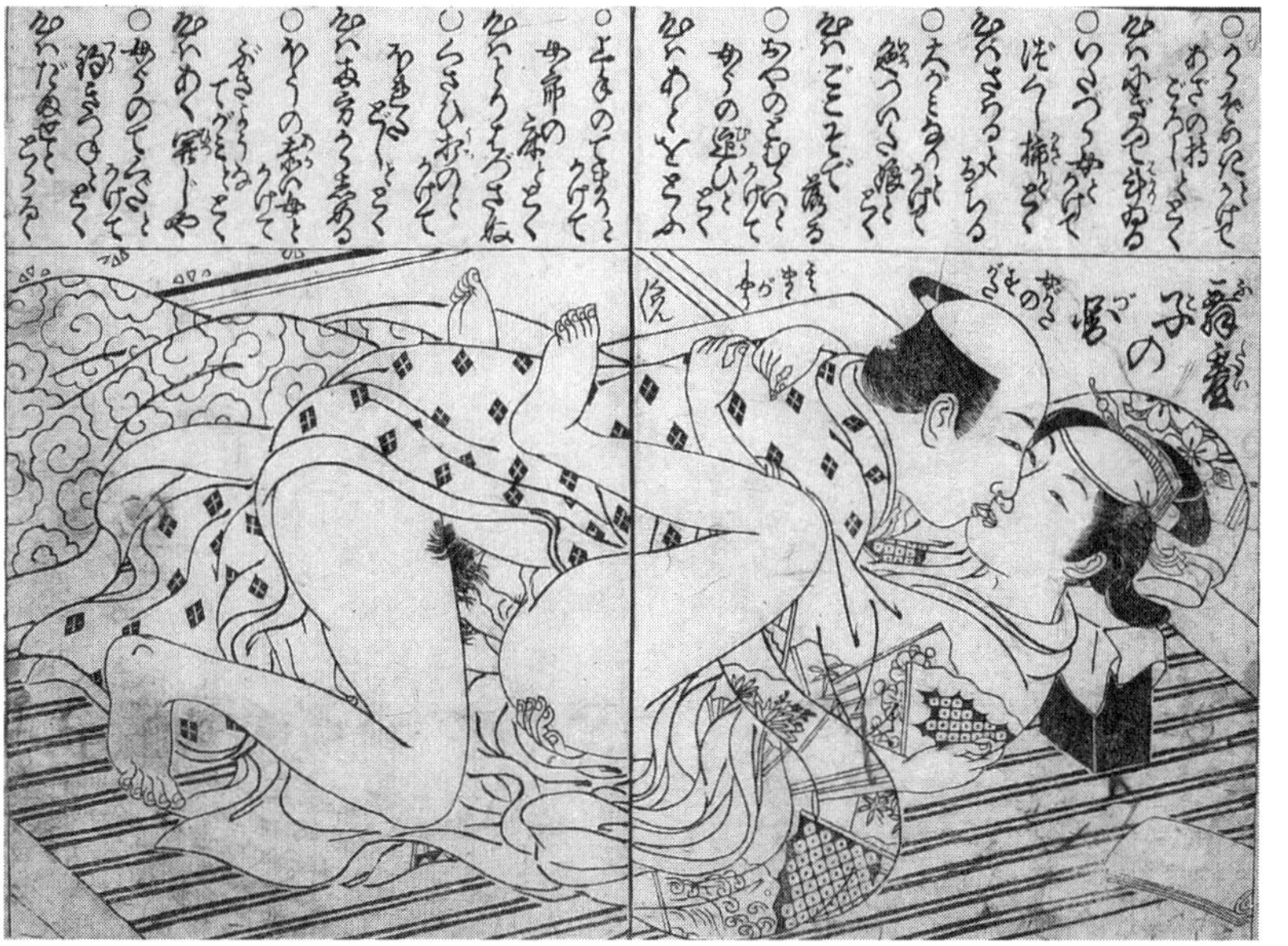

図一 『女貞訓下所文庫』（月岡雪鼎、明和５年頃）、国際日本文化研究センター蔵

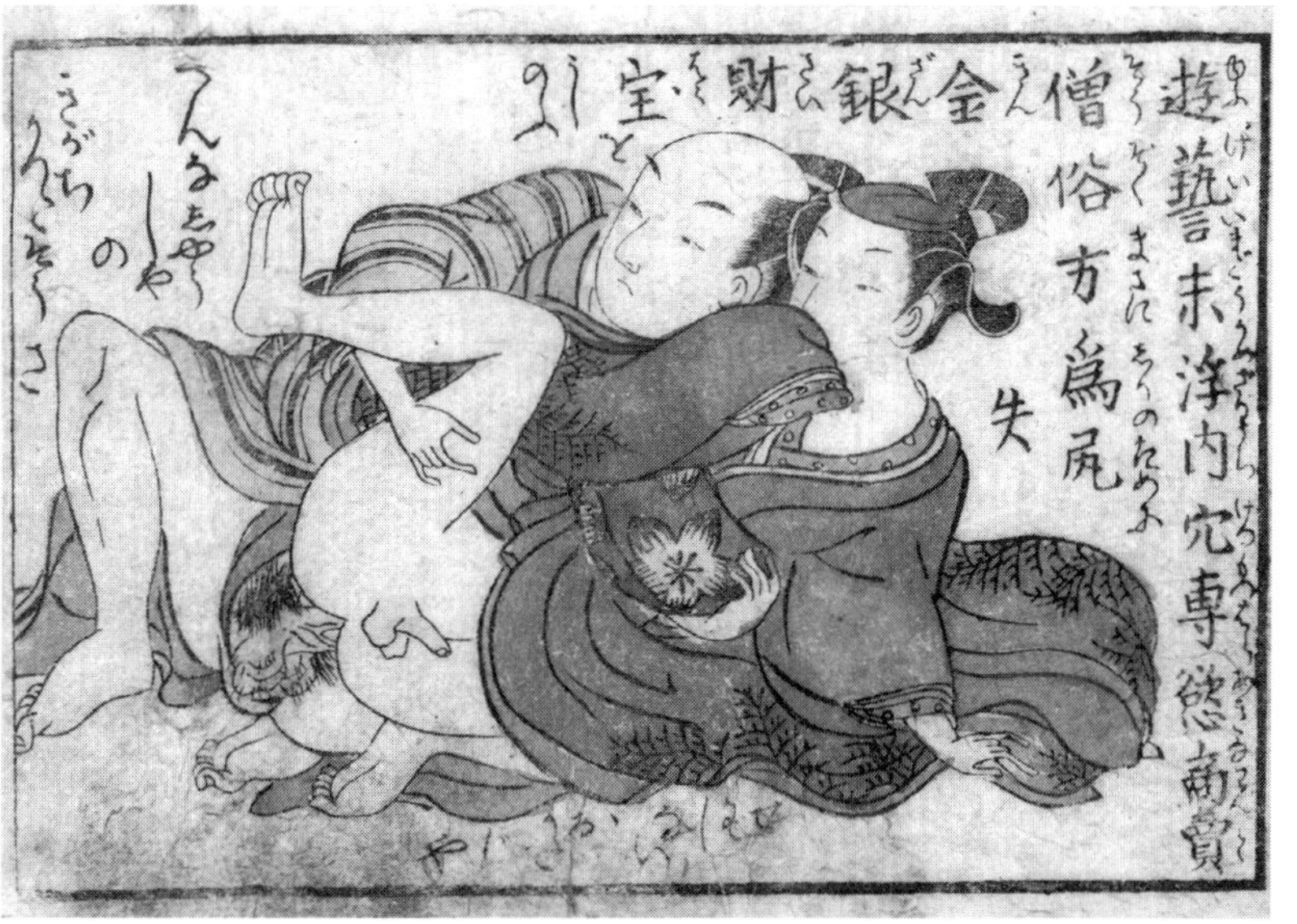

図二 『欠題上方艶本（一）』（月岡雪鼎か）、国際日本文化研究センター蔵

安永・天明期（一七七二～八九）の江戸歌舞伎の名優、初代中村仲蔵の回想録『月雪花寝物語』には、仲蔵が若いころ、舞台子をしていたことが赤裸々に記されている。

また、『当代江戸百化物』（馬場文耕著、宝暦八年）によると、越後新発田藩《しばたはん》の七代藩主溝口直温《なおあつ》は男色が好きで、若いころの役者の二世瀬川菊之丞を寵愛し、大金をつぎ込んだという。

▼図三の、舞台子と客の男の遣り取りは——

舞「おまえ、このじゅうの印籠《いんろう》は、いつかくれるぞ」

客「印籠でも首でもさ」

という具合である。

舞台子がかねて約束の印籠を催促

図三　『俳諧女夫まねへもん』（磯田湖龍斎、明和７年頃）、国際日本文化研究センター蔵

しているのに対し、客の男は印籠でも首でも渡すと、安請け合いをしている。

ところで、陰間は前髪が命といわれた。そのため、陰間は何歳になっても月代《さかやき》を剃らなかった。

しかし、歌舞伎役者は元服後は前髪を落として、月代を剃る。そのため、舞台子として客の前に出るときは、紫縮緬《むらさきちりめん》で作った紫帽子《むらさきぼうし》で月代を隠した。紫帽子は、野郎帽子とも呼ばれた。

▼図四で、紫帽子がわかる。舞台子は女の相手もしたようだ。

図一～三でも、舞台子が紫帽子で月代を隠している。

逆から言えば、紫帽子をしているのは舞台子ということだった。

図四　『会本新玉川発気』(勝川春章、天明８年)、国際日本文化研究センター蔵

15 男妾

▼図一は画中に――

この若衆、親のために芳町へ売られしに、後家客に請け出され、今は男妾《おとこめかけ》となりている。何にしても達者な事の。

――とあり、男妾である。若衆は、ここでは若者の意であろう。

親に芳町に売られたとあるので、陰間になった。ところが、金のある後家に身請けされ、専属の男妾になったようだ。

遊女が身請けされて妾（囲い者）になるのと、なんら変わらない。男妾は男のセックスワーカーだった。

▼図二は、炬燵《こたつ》のそばで、後家が男妾と情交しているが――

「さあさあ、早く早く、ぐっと入れて。ああ、もうもう、入れぬ先から気がいき続けだ。ああああ」

「男妾もつらいものだ」

——と、悦楽の追求に貪婪な後家の相手をしながら、男は内心で「男妾はつらい」とぼやいている。雇い主である後家の要求が大きすぎるようだ。

図二は春画だが、これを見た男はクスリと笑いながらも、少なからぬ者が内心「うらやましい、俺も男妾になりたい」と、ひそかに念願したであろう。

戯作『東海道中膝栗毛』（十返舎一九著）の大坂の場面で、次のような話がある。

船場《せんば》の大きな商家に、三十四、五歳の後家がいた。番頭がこぼす——

図一　『千草結ひ色葉八卦』（勝川春章）、国会図書館蔵

「どうも役者買うて、金使うてならんさかい、厄介のない男妾、抱えたい」

——忠実な番頭は、後家が役者に入れあげて金を浪費するのが心配だった。下手をすると、家産を傾けてしまう。そこで、後家のために、もっと手軽で安上がりな男妾を抱えたい、と。

これを聞き、弥次郎兵衛と喜多八は目の色を変えて男妾を志願するのだが、もちろん、ふたりともあっさり断られてしまう。

ともあれ、女が金を出して歌舞伎役者

と性を享楽するのを「役者買い」と言った。それにしても、男妾より役者買いの方が、はるかに大金がかかったのがわかる。

この役者買いは、大坂に限らず、江戸でもおこなわれていた。

▼図三は、かなり高齢の女が役者買いをしている場面である。若い役者が老婆に重なり、情交しながら、ねだる――

「このじゅう、お約束の羽織をおこしておくれ」

「おおおお、呑み込みました」

――と、役者は相手の喜悦の状況を観察しながら、羽織をねだっている。女に買われるのに慣れているのであろう。紫帽子をしていないのは、相手が女だからである。

いっぽうの老婆は、快感にあえぎながら、男のねだりを了承している。

もちろん、当時の女は経済力がなかった。役者買いができるのは、金を自由に使える豪商の後家、大奥の奥女中、料理屋の女将くらいだったろう。

一部の若手の歌舞伎役者は舞台子として出るほか、役者買いの対象になることもあった。肛門と陰茎を駆使するセックスワーカーだったと言えよう。

▼図四は、芝居街にある芝居茶屋の二階座敷であろう。男は幕間《まくあい》に駆け付けたようだ――

「桟敷にいるうちから、こたえられなんだ。抜かずに、いつまでも、こうしていておくれ。それそれ、またいくよ、ああ、うう」

図二　『艶本葉男婦舞喜』（喜多川歌麿、享和２年）、国際日本文化研究センター蔵

図三　『馬鹿本草』（磯田湖龍斎、安永７年）、国際日本文化研究センター蔵

「まだ二番目に役があるから、加減をしよう。腰が痛いと殺陣《たて》がならぬ」

――と、女は桟敷から舞台の男をながめながら、淫欲をつのらせていたようだ。

いっぽうの男はさめている。内心、冷静に計算をしていた。これまで、セックスワーカーとして、金のある女の役者買いに付き合ってきたことがわかる。

▼図五は、女が男ふたりを相手に享楽しながら――

「両方で気がいくよ。ずっと入れな。わたしは生まれついて淫乱だよ」

――と、うそぶいている。両方は、陰門と肛門である。

下から、陰門に陰茎を挿入しているのは陰間で、前髪が象徴であろう。背後から肛門に陰茎を挿入しているのは舞台子で、紫帽子が象徴であろう。

陰間も舞台子も、女が金を出して買った。

当時、一般に女は経済力がなく、しかも自由に外出する機会も限られているので、男を買うのは難しかった。だが、中には経済力と自由を手にした女もいたろう。

図五の女は髪型から後家とわかる。富裕な商家の後家であろうか。とすれば、大金を自由に使い、奔放な行動をするのも可能だったであろう。

▼図六は、図中に「若衆」と「後室」とある。紫帽子をかぶっているので、この若衆は舞台子であろう。

後室は、大名など大身の武士の後家。つまり、後室の役者買いである――

図四　『会本色好乃人式』（勝川春章、天明 5 年）、国際日本文化研究センター蔵

図五　『会本色好乃人式』（勝川春章、天明 5 年）、国際日本文化研究センター蔵

「私は腰を使うことは上手でござります。もうし、この雁《かり》のところでな、こう、それそれ、もうし、なんと、よくなりましてござりましょ」

「ああ、ああ、これで二度、気がいく。六年ぶりで生き物が入った。これが、まあ、どう堪忍が、堪忍が」

——と、後室は喜悦している。

「雁」は、亀頭のこと。舞台子は、女に買われることに慣れていた。

「生き物」は陰茎のことだが、これまで後室は張形などで慰めていたようだ。生き物の挿入は六年ぶりだ、と。

この後室も、金銭的には不自由しない身分なのであろう。

そのほか、「相撲買い」もおこなわれていた。女が小遣いをあたえ、若い相撲取りを男妾にするというもの。一部の力士もセックスワーカーだったと言えよう。

図六　『百色初』（宮川春水、明和中期）、国際日本文化研究センター蔵

女郎買いは悪でなかった

【コラム】

女郎買いは、遊女を買い、遊ぶことである。現在の言葉では、買春であろうか。

さて、戯作『仮名文章娘節用』（曲山人著、天保五年）で、武士が十七歳の息子に、友達付き合いを大事にしろと諭《さと》し――

「花に誘われ、月に浮かれて、女郎買いなども三度に一度は、はずされなけりゃ、行くがいいわさ」

――と、女郎買いを勧めている。

現代に置き換えると、父親が息子に、「友達付き合いは大事だから、フーゾクに誘われたら、行ったほうがいいぞ」と述べていることになろう。いま、そんな父親がいるなど考えにくい。

しかし、『仮名文章娘節用』はフィクションとはいえ、当時の男女が読んでも違和感のない教訓だった。

いっぽう、戯作『浮世風呂』（十返舎一九著、文化十年）では、商家の下女が姉の夫の行状について、近所の女に愚痴をこぼすが――

女一「さあ、おまえさん、その人がね、とかく浮気がやみませんで、大きに苦労いたします。それも、おまえさん、遊びに参るならまだしもでございますが、意地の汚い人で、とにかく近所の娘ごや何やかや、いじり散らしまして、人聞きも悪うございますのさ」

女二「そうさ、それが第一の疵さ。女郎買いは大概、程があるからよいけれどの……（中略）……まあ、いったい、男らしくねえね。男なら男のように、金を使って売り物買い物がよいわな」

――という具合である。

女一は、義理の兄が女郎買いをせず、近所の素人の娘に手を出すのを「意地の汚い」と評している。また、「遊びに参る」は吉原や岡場所に行くことで、つまり女郎買いである。

女二は、ちゃんと金を使って女郎買いをするのが男らしいと評している。「売り物買い物」は、まさに売買春になろうか。

つまり、ふたりは、男が素人の女に手を出すのはよくないが、女郎買いをするのであれば、まあ大目に見ようという点で同意している。

武士も庶民も、男も女も、既婚も未婚も、男が女郎買いをするのは、ある程度は仕方がないというのが、言わば社会通念だった。

なお、女郎買いは遊女を買うことと先述したが、当時の男の女遊びの感覚からすると、本書で個人営業に分類した女が含まれていてもおかしくない。

表現を変えれば、江戸時代の女は、男がセックスワーカーと遊ぶのは、渋々ながらも認めていた、と言ってよかろう。

江戸時代も中期を過ぎると、庶民の間に旅行ブームが起きるが、たいていは神社仏閣の参詣を目的とした、男が主体の団体旅行だった。こうした団体を「講」といい、伊勢参りの伊勢講、富士登山の富士講などが知られる。

目的の寺社の参拝が終わったあと、講の男たちは羽目をはずし、女郎買いをした。こうした女郎買いを「精進落し」と呼んでいた。精進落しに対応して、たとえば伊勢神宮の門前では古市《ふるいち》という遊郭が栄えていた。

講の参加者の中には、肝心の参詣より、その後の精進落しが真の目的という者すらいた。講の旅は、今でいう売春ツアーに近い。

こうした風習に、当時の男女は何の疑問も持たなかった。

第二章

ハコモノのセックスワーカー

上　”かご”（格子）の中の高級売春婦たち（遊女）、『不夜城，すなわち，”吉原遊郭の歴史”』

（デ・ベッカー著、1899 年）、国際日本文化研究センター蔵

下　図　新吉原の廓内

（『新吉原遊廓遊歩』幕末日本図絵第 2 巻、アンベール編、1870 年）、国際日本文化研究センター蔵

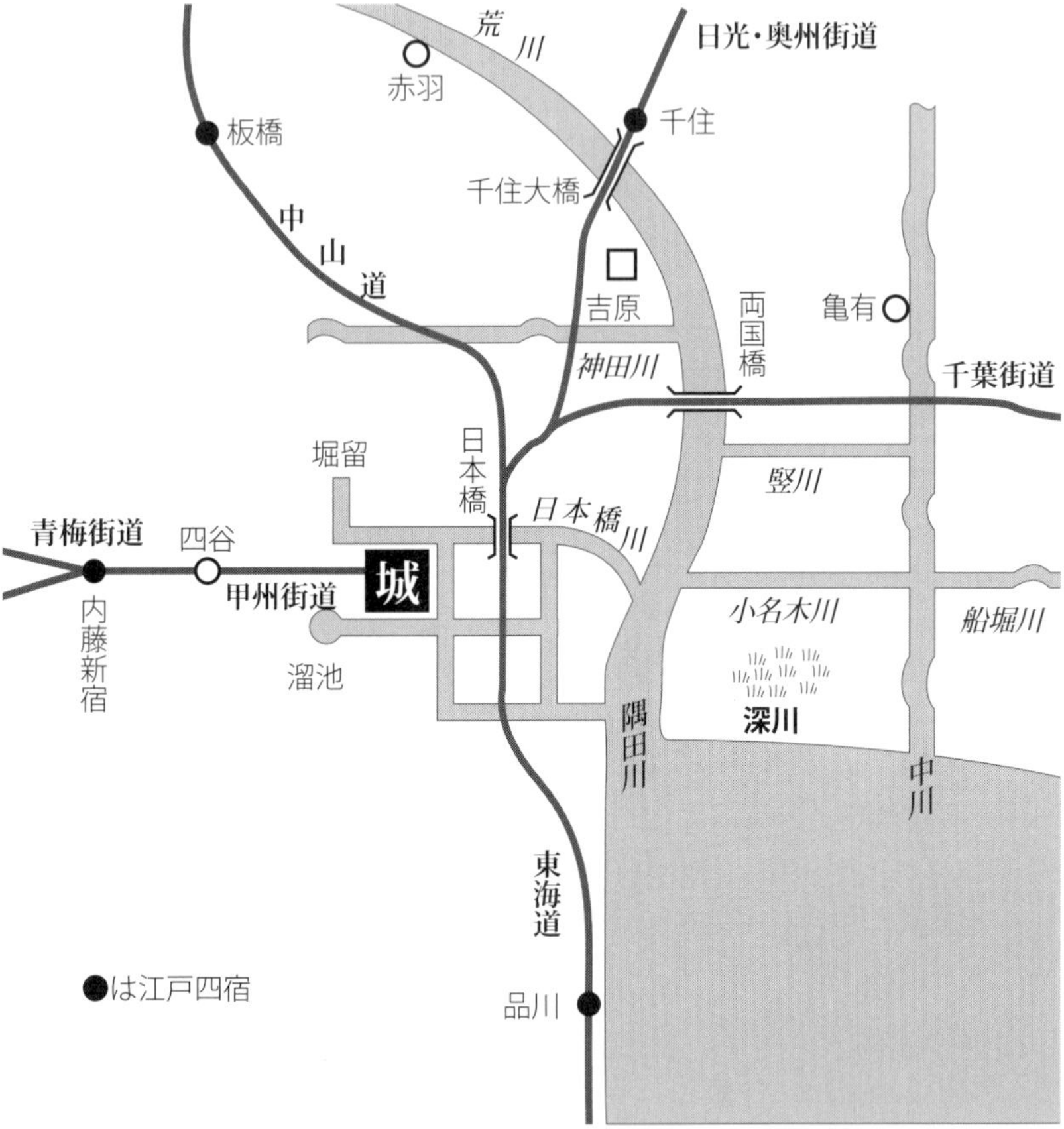
荒川
赤羽
日光・奥州街道
千住
板橋
千住大橋
中山道
吉原
両国橋
亀有
神田川
千葉街道
堀留
日本橋
竪川
日本橋川
青梅街道
四谷
城
甲州街道
内藤新宿
溜池
小名木川
船堀川
深川
隅田川
中川
東海道
品川
●は江戸四宿

1　ハコモノのセックスワーカーの特色

遊女は公娼と私娼がいた

現代の性風俗産業の営業形態は、ハコモノ（店舗型）とデリヘル（派遣型）に区分される。

江戸の遊女は、さしずめハコモノのセックスワーカーと言えよう。

さて、遊女は女郎《じょろう》、売女《ばいじょ》、娼妓《しょうぎ》などとも呼んだ。そして、遊女と遊ぶことを女郎買《じょろうか》いと称した。吉原の遊女であろうが、その他の場所の遊女であろうが、すべて女郎買いである。

遊女を置いている店を、妓楼《ぎろう》、青楼、女郎屋、遊女屋などと称した。

また、遊女には三種あった。

一　吉原の遊女
吉原《よしわら》は公許の遊廓である。つまり、吉原の妓楼は、幕府の許可を得て営業していた。そのため、吉原の遊女は公娼である。

吉原の遊女は、合法的なセックスワーカーだった。

二　岡場所の遊女
岡場所《おかばしょ》は、江戸の各地にあった非合法の遊里である。非合法とはいえ、岡場所の女郎屋は公然と営業していた。町奉行所は見て見ぬふりをしていたからである。

堂々と営業していたとはいえ、岡場所は非合法なので、遊女は私娼である。

岡場所の遊女は、違法のセックスワーカーだった。

三　宿場の遊女
宿場の旅籠屋《はたごや》の中には、飯盛女《めしもりおんな》と呼ばれる遊女を置いているところがあった。そのため、飯盛女を置いた飯盛旅籠屋《めしもりはたごや》は、旅人も泊ることはできたが、事実上の女郎屋だった。

旅籠屋に飯盛女を置くのは幕府の道中奉行が認めていたので、飯盛女は準公娼である。

宿場の飯盛女は、合法的なセックスワーカーだった。

遊女は身売りの結果

遊女という職業や境遇は、本人が自由意志でえらんだのではなく、ほとんどは「身売り」の結果だった。

農村を女衒《ぜげん》と呼ばれる男がまわり、貧窮した農民から十歳前後の娘を買い取る。これを身売りと言った。

娘を買い取った女衒は、吉原の妓楼や岡場所の女郎屋、宿場の飯盛旅籠屋に転売した。

もちろん、表向きは下女奉公の形を取り、きちんと証文も取り交わしたが、事実上の人身売買だった。

都市部でも裏長屋の困窮した親が、女衒を通じて娘を売ることは多かった。

女衒は人買い稼業と言ってもよい。
▼図一は、典型的な身売りの光景と言えよう。駕籠で泣いているのが、貧農の娘のお咲《さく》である。

図一『孝行娘妹背仇討』（関亭伝笑著、文化５年）、国会図書館蔵

縁台の右に座っているのが父親で、

「よろしくお頼み申します」

と、述べている。

縁台の左に腰かけているのが女衒《ぜげん》で、ふたりのあいだに金と証文が置かれている。

背後にいるのが村の庄屋（名主）。

いかにも病身らしい母親は、

「お咲や、煩《わずら》わぬようにしてくれよ」

と、声をかけている。

左にいる娘は、お咲の友達。

▼図二は、「人買いに買われたる田舎小娘ども、旅籠屋の宿り」とあり、女衒に買い取られた農村の娘たちが旅の途中、旅籠屋に泊まったときの光景である。

女衒が向から先は不明。

右下の饅頭の行商女は、

「あいあい、おまえがたは、みんな越後かえ」

と声をかけている。

女は、身売りした貧農の娘たちと見抜いていた。

見慣れた光景なのかもしれない。

左上では、親元から離れて泣く女の子を、年長の女の子がなだめている。

「これさ、泣くなえ。今さら泣いたとて、どうすべえ。駄目だぁよ。わしらと一緒に、面白い所へ行くのだぁよ。黙れ、黙れ」

年長の女の子は、自分たちがどこに連れていかれるのか、わかっているようだ。年下の子をなだめているのが、けなげと言おうか。

こうして女衒によって吉原の妓楼に売られた女の子は、禿《かむろ》として雑用をしながら、遊女としての教育を受けた。

岡場所の女郎屋や、宿場の飯盛旅籠屋（事実上の女郎屋）に売られた女の子は、小女や小職などと

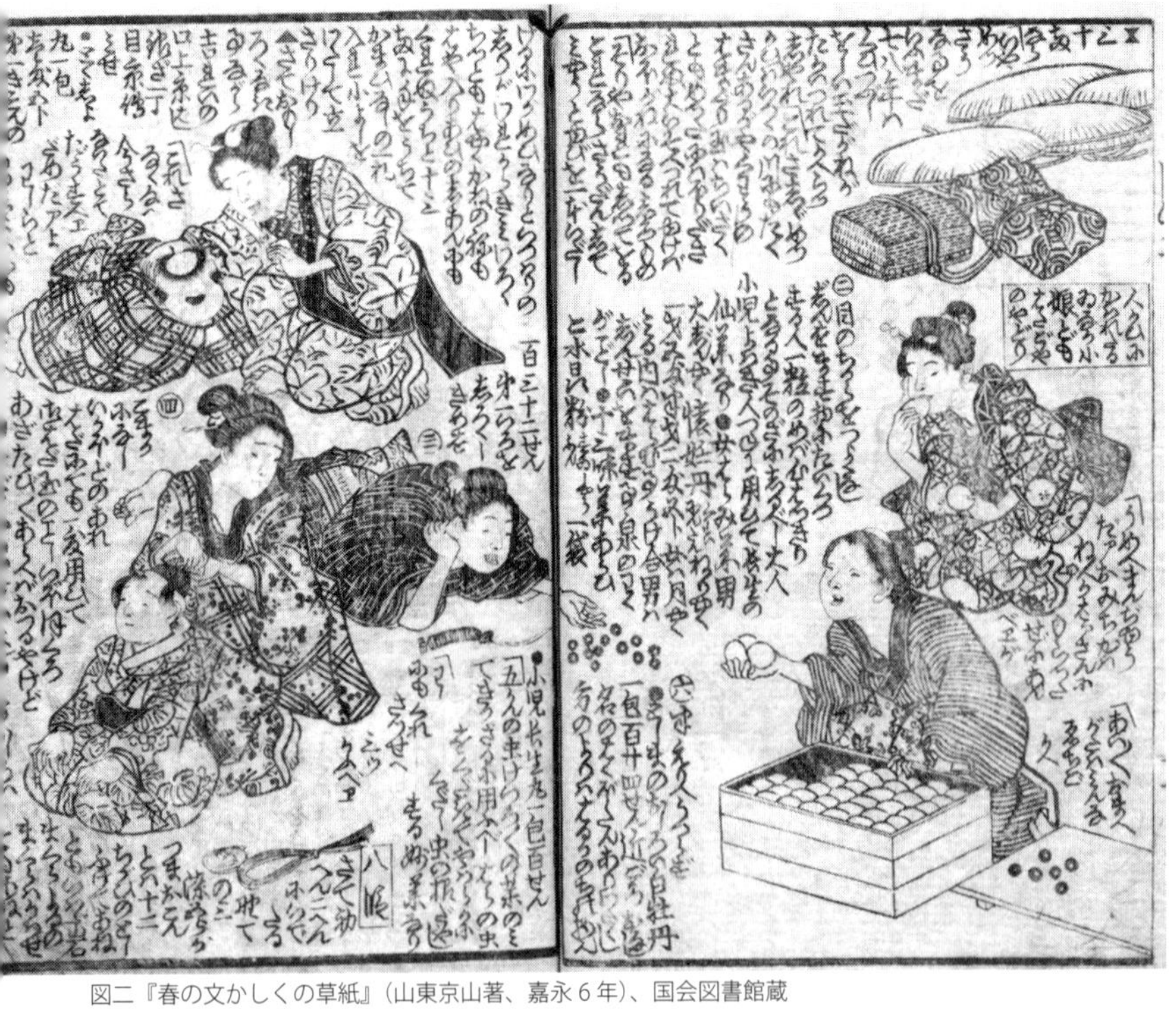

図二『春の文かしくの草紙』（山東京山著、嘉永６年）、国会図書館蔵

呼ばれ、やはり雑用係をしながら教育された。

そして、みな初潮を迎えると、その後は一人前の遊女として客を取り始める。

なお、吉原の遊女は「年季は最長十年、二十七歳まで」という原則があったが、岡場所や宿場はとくに年季に関する決まりはなかった。

江戸のハコモノのセックスワーカーは、自由意志ではなく、「身売り」という形でセックスワーカーになっていたと言えよう。

廻しの悪弊

「廻《まわ》し」は、言わばダブルブッキングであり、江戸のハコモノの悪弊だった。

わかりやすく、現代のマッサージ店にたとえよう。

あるマッサージ店に、B男、C助、D太の三人が電話して、八時からの一時間コースを予約し、A嬢を指名した。

本来であれば、店側はA嬢は重なっているため、ふたりに時間をずらしてもらわねばならない。ところが、店はあっさり同時間帯に三人を受け入れた。

B男、C助、D太が店に行くと、A嬢はそれぞれに二十分しかマッサージをしなかった。それでいて、一時間コースの料金を払わねばならない。

もっとひどい場合もあった。B男のところには三十分いたが、C助のところは二十分、D太のところには十分しかいなかった。三人が怒るのは当然だが、とくにD太は激怒するであろう。

江戸のハコモノの廻しの実態は、右のマッサージ店と同じである。

しかし、これはけっして遊女の怠慢でも、ごまかしでもない。ハコモノの経営者、つまり妓楼や女郎屋の楼主が売り上げを伸ばすための方策だった。遊女に過重労働を強いていたことにほかならない。

紀州藩の医師が江戸の見聞を記した『江戸自慢』（幕末）に、廻しについて――


　娼婦《おやま》ハ廻しと言事あり、一人の女郎ニて一夜ニ客三四人も引受、彼方《かなた》より此方《こなた》、此方より彼方と順々廻り、乗せて下ろして又乗せて、渡し舟の如く……


――と、あきれ、「渡し舟のように乗せて、おろして、また乗せて」の状態だと揶揄《やゆ》している。

というのも、京都や大坂など上方のハコモノには、廻しの制度はなかったからである。
▼図三は、吉原の光景。
遊女は廻しを取っていて、ほかの客のところに行っていた。ほうっておかれた武士の客が怒り心頭に発し、若い者を呼びつけ――

　「何とあい心得て、かようなる失礼をいたすか。きっとあい糺《ただ》して申しきけやれ」


――と、女を連れて来いと命じている。

若い者は平身低頭しながら、内心では「この野暮な田舎侍め」と馬鹿にしているであろう。しかし、武士はきちんと規定の揚代を払っているのだから、怒るのが当然といえる。

こうした、客が廻しに怒る光景は吉原のみならず、岡場所や宿場でもしばしば見られた。

古典落語『五人まわし』は、廻しに翻弄される男たちの生態を面白おかしく描いている。こうした落語の影響で、「もてない男は、どこに行ってもしょせんもてないのさ」などという理解があるが、こうした見方が見当違いなのは、先述したマッサージ店の例でも明らかであろう。

江戸のハコモノのセックスワーカーは廻しに関する限り、つらい立場に置かれていた。

割床は当たり前

割床《わりどこ》とは、相部屋のことである。

六〜八畳くらいの部屋に三〜四組の布団を敷き、あいだは屏風や衝立《ついたて》で仕切っただけというもの。仕切りすらないこともあった。

つまり、屏風や衝立で視覚こそさえぎられるが、隣の寝床の物音や話し声

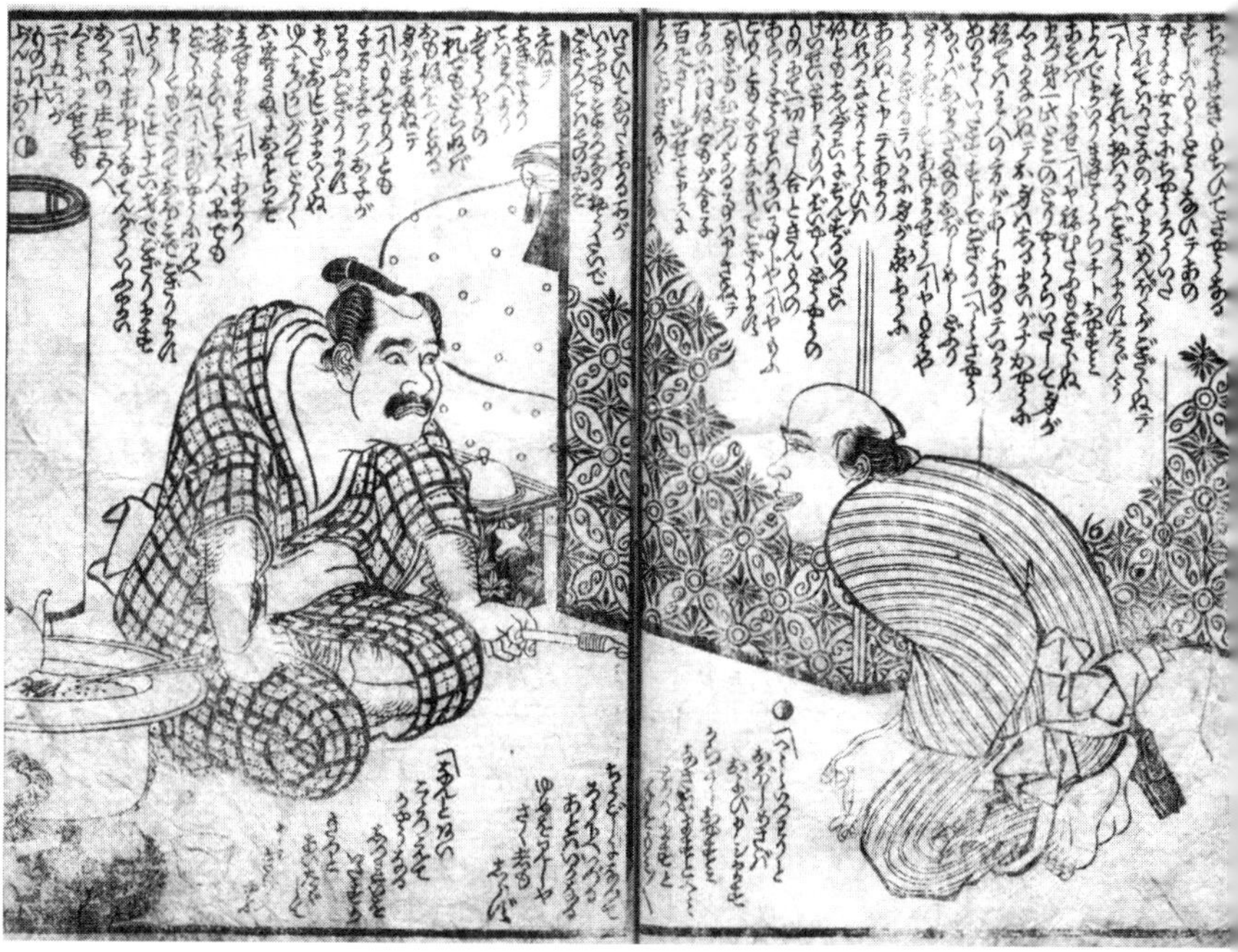

図三『出謗題無智哉論』（東里山人著、文政８年）、国会図書館蔵

は筒抜けだった。いや、部屋中に睦言《むつごと》や、よがり声が聞こえたであろう。

▼図四は、吉原の割床の情景。ただし、廊下に面した障子が開いているのは、中の様子を見せるための絵師の作為である。ともあれ、屏風で仕切られただけの寝床で、客と遊女が性行為に励んでいるのがわかろう。

吉原の上級遊女である花魁《おいらん》は個室をあたえられていたので、客はそこに迎えた。しかし、廻しで複数の客がいるときは、一番大事な客を個室に入れ、ほかの客は廻し部屋という大部屋に入れ、そこで割床で相手をした。

下級遊女である新造にはそもそも個室はないため、それぞれが廻し部屋で客の相手をする。つまり、つねに割床だった。部屋が満員か、閑散としているかの差に過ぎない。

戯作『取組手鑑』（振鷺亭著、寛政五年）で、吉原の妓楼の廻し部屋について、男がニヤニヤしながら

「花粋《はないき》さんが、泣きそくなった鶯という声でとぼさせているから、ようございやすね」

——と言う場面がある。「とぼす」は、性交の意。

花粋という遊女のよがり声は、部屋中の男の淫心を刺激したようだ。割床は筒抜けだったのがわかる。

高級とされる吉原でも、割床はごく普通におこなわれていた。

▼図五は、岡場所の割床の光景である。どこの岡場所かは不明。

戯作『一目土堤』（内新好著、天明八年）に、男たちが連れ立って岡場所「弁天」の女郎屋に上がり、二

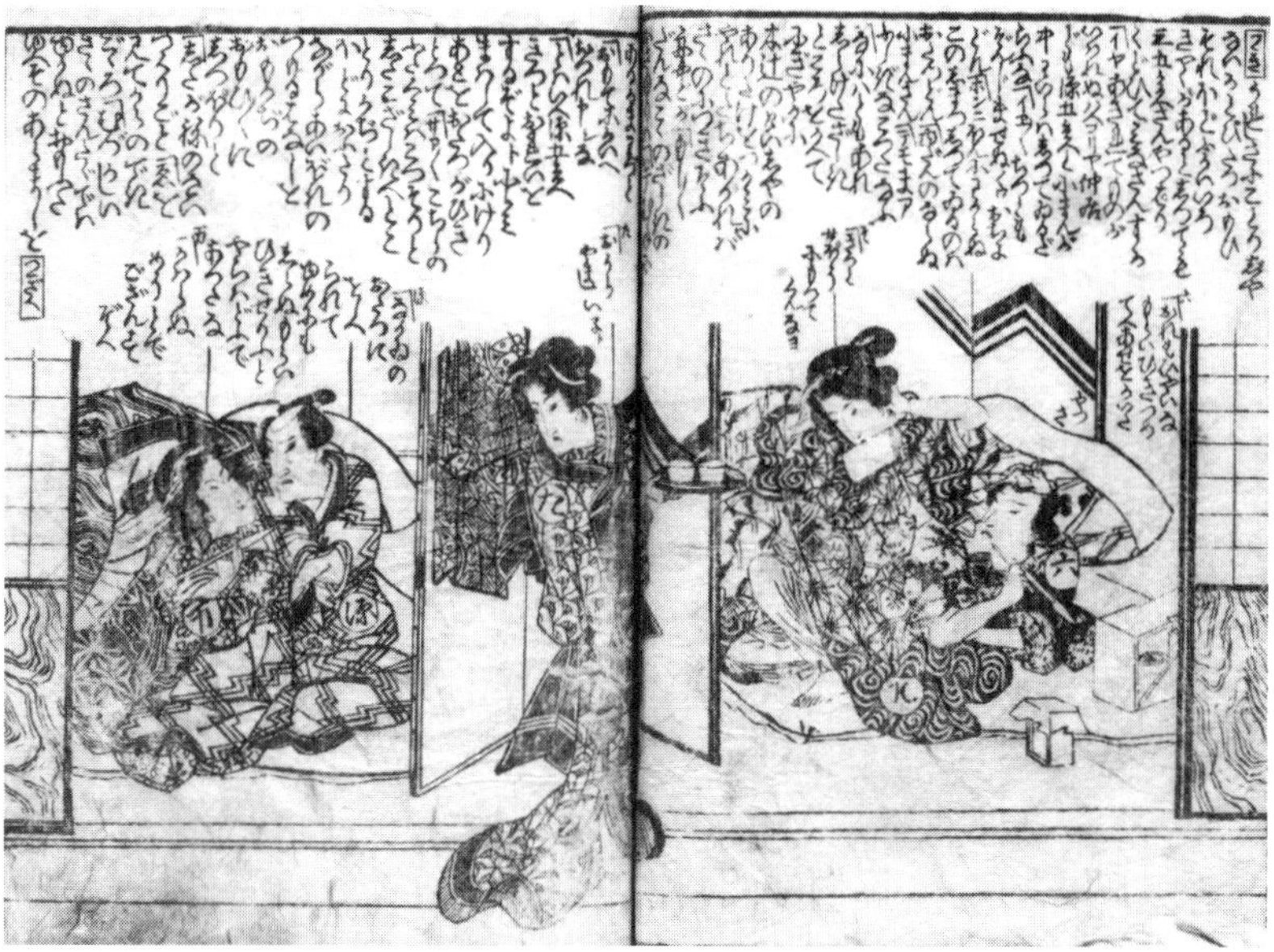

図四『恵方土産梅鉢植』（欣堂間人著、文政 5 年）、国会図書館蔵

図五『逢夜鳫之声』（歌川豊国、文政 5 年）、国際日本文化研究センター蔵

階座敷で酒を呑みながら話をする場面がある。ひとりが、かつて弁天にいたお浜という遊女について――

「どんな客でも、お浜には殺されたて。それに妙なことには床で、かの時に大声をあげて泣きやす。泣かれるには客も困ったて。それだから、お浜が隣にいる客は気色を悪くしたね。……（中略）……去年とやら、中橋の方へ囲われたということだ」

――と、噂をする。

「泣く」は、よがり声をあげること。お浜はよがり声が大きかったようだ。割床なので、隣の客はもちろん、同室の客もたまったものではなかったろう。客の間で評判になるほどだった。

しかし、お浜はそのよがり声で男の心をとらえたのか、身請けされて囲い者になったようだ。

なお、弁天は、東京都墨田区千歳一丁目のあたりにあった岡場所である。

戯作『道中粋語録』（山手馬鹿人著、安永八年頃）で、中山道を旅する男ふたりが、軽井沢宿（長野県軽井沢町）の旅籠屋に泊まった。もちろん、相部屋である。女中に、それぞれ飯盛女を呼ぶよう頼んだ。女中が寝床を敷きに来た――

女「間を仕切らずは、悪うござりましょうね」

男一「うう、まんさらでは、異なもんじゃな」

女「さようなら、こうしましょう」

戸板を横にして仕切る。

男二「屏風の気取りは、どうでごぜんす」

男一「とんだ、侘《わ》びたものじゃな」

女「はい、ごきげんよう」

――という具合で、女中は布団をふたつ、並べて敷き、あいだに屏風の代わりに戸板を横にして置いたのである。

男の言う「まんさら」は、何もないこと。「仕切りが何もないのは、ちょっとなあ」という意味であろうか。

▼図六は、東海道の宿場である三島宿（静岡県三島市）の割床の騒動である。

戯作『東海道中膝栗毛』（十返舎一九著、文化六年）で、弥次郎兵衛と喜多八は十吉という男と知り合い、三人で三島宿の旅籠屋に泊まった。三人の相部屋なのだが、弥次郎兵衛と喜多八はそれぞれ飯盛女を呼んだ。寝床は

図六『東海道中膝栗毛』（十返舎一九著、文化６年）、国会図書館蔵

二枚折の小屏風にて、間を仕切る。

――というものだった。

もちろん、弥次郎兵衛と喜多八は相手の飯盛女と情交する。十吉の存在など頓着なしだった。

そして、みなが眠りについたころ、藁苞《わらづと》に入れておいたすっぽんが這い出し、弥次郎兵衛の指に嚙みついた。いた。その騒ぎの様子が図六である。実際には、真っ暗闇である。

一室に弥次郎兵衛と飯盛女、喜多八と飯盛女、そして十吉の五人が寝ていた様子がわかろう。

割床は江戸のハコモノのみならず、上方を含む全国でごく普通におこなわれていた。当時のわが国の、ハコモノの常識と言っても過言ではない。

現代人の感覚では耐え難い気がするが、江戸時代の男女は平気だった。

というのも、当時の木造家屋は、廊下と部屋の仕切りは障子一枚、部屋と部屋の仕切りは襖一枚で、防音効果は皆無に近かった。これは、たんに裏長屋にとどまらず、武家屋敷や商家でも同じである。

そのため、身分を問わず男も女も子供のころから、音声に関する限りプライバシーのない環境に慣れていたのである。

江戸のハコモノのセックスワーカーは割床という、物音や話し声が筒抜けの職場環境で仕事をしていたと言えよう。

【コラム】

陰毛の処理

図で、女のひとりが——

「お近さん、おめえ、このじゅう、抜いたでは
なかったか。豪儀に生えるのう」

——と、お近という女の陰毛の生えるのが早いと評している。

図の場所は不明だが、おそらく深川の岡場所であろう。女たちは岡場所の遊女である。

遊女は毛抜きで抜いたり、線香で焼き切ったりして、陰毛を処理する風習があった。

春画なので誇張はあるが、図の光景は事実である。岡場所だけでなく、吉原の遊女も除毛をした。川柳の、

股ぐらの還俗《げんぞく》をする二十八

は、吉原の遊女も陰毛の処理をしていたことを示

図　『逢夜鳫之声』（歌川豊国、文政５年）、国際日本文化研究センター蔵

している。

吉原の遊女の年季は、「最長十年、二十七歳まで」という原則があった。

還俗は、僧侶が俗人に戻ること。当然、剃髪《ていはつ》していた頭は、髪を伸ばし始める。

吉原の遊女は二十八歳で年季が明け、素人に戻ると、陰毛を伸ばし始めたのである。「股座が還俗」とは、なんとも下品だが、秀逸な表現なのも確かであろう。

では、遊女はなぜ除毛をしたのか。

「毛切れを防ぐため」という、もっともらしい説がある。だが、実際は毛虱《けじらみ》対策だったと思われる。

衛生水準が低く、有効な駆除薬もなかった時代、男女ともに毛虱には悩まされていた。

とくに、遊女は深刻だった。自分はいくら衛生に心がけていても、不特定多数の男と密接な接触をしなければならない。毛虱をうつされることは多かった。

いったん毛虱に住まわれると、根絶は難しい。

毛虱に悩む遊女は、

「ああ、うっとうしい。どうにかして」

と叫んだかもしれない。

そこで、ある人が破れかぶれで宣言する。

「いっそ、毛をなくしちまえ。そうすりゃあ、毛虱も住処《すみか》がなくなる」

暴挙と言ってもよかろう。

しかし、効果はてきめんだった。

かくして、遊女の間で除毛の習慣が始まり、そして定着したのではあるまいか。

ただし、セックスワーカーの中でも除毛の習慣があったのは遊女だけである。

2 吉原の遊女

二度の大変革

吉原の遊女は、江戸のセックスワーカーの花形と言ってもよかろう。数多くの浮世絵や錦絵に描かれ、戯作などの文学作品や歌舞伎、音曲にも登場している。現代の女優・タレント・ファッションモデルにもひとしい、華やかな存在だった。

ただし、吉原の歴史は長く、江戸時代だけでも二百五十年間ある（厳密には、吉原遊廓は昭和三十三年まで、三百四十年間続いた）。

そのため、時代による変遷も大きい。

江戸時代の吉原には、大きく二度の変革があった。

ひとつは、場所の変革である。

吉原は元和四年（一九一八、二代将軍秀忠の時）、現在の東京都中央区日本橋人形町のあたりに開設された。

▼図一は、当時の吉原の情景で、かふろ（禿）、太夫《たゆう》、やりて（遣手）、けんぶつ人（見物人）、ところの人（所の人）、あつまおとこ（東男）が描かれている。

江戸時代の初期だけに、遊女はもちろんのこと、人々の風俗は質朴だったのがわかろう。

およそ四十年後の明暦三年（一六五七、四代将軍家綱の時）、吉原は千束村《せんぞく》（現在の東京都台東区千束四丁目）に移転、開業した。このため、移転前の吉原を元吉原《もとよしわら》、移転後の吉原を新吉原《しんよしわら》という。しかし、吉原と言ったとき、普通は新吉原のことである。

落語などで、吉原は浅草寺の裏手という表現がある。▼図二で吉原（〇囲み）と浅草寺（〇囲み）の位置関係がわかろう。

この移転に際し、江戸の市中からは辺鄙な地となるのを考慮し、幕府は吉原（新吉原）に夜間営業を許可した。逆から言えば、元吉原は昼間の営業しか許されていなかったのだ。

現代で考えても、朝から夕方までの営業で、日が暮れると閉店する性風俗店など、利用者は限られている。性風俗店は、日が暮れてからの来客が中心だからだ。

移転後の吉原は、夜間の遊興はもとより、泊りもできるようになった。そのため、市中からは不便な地

図一　『あづま物語』（写）、国会図書館蔵

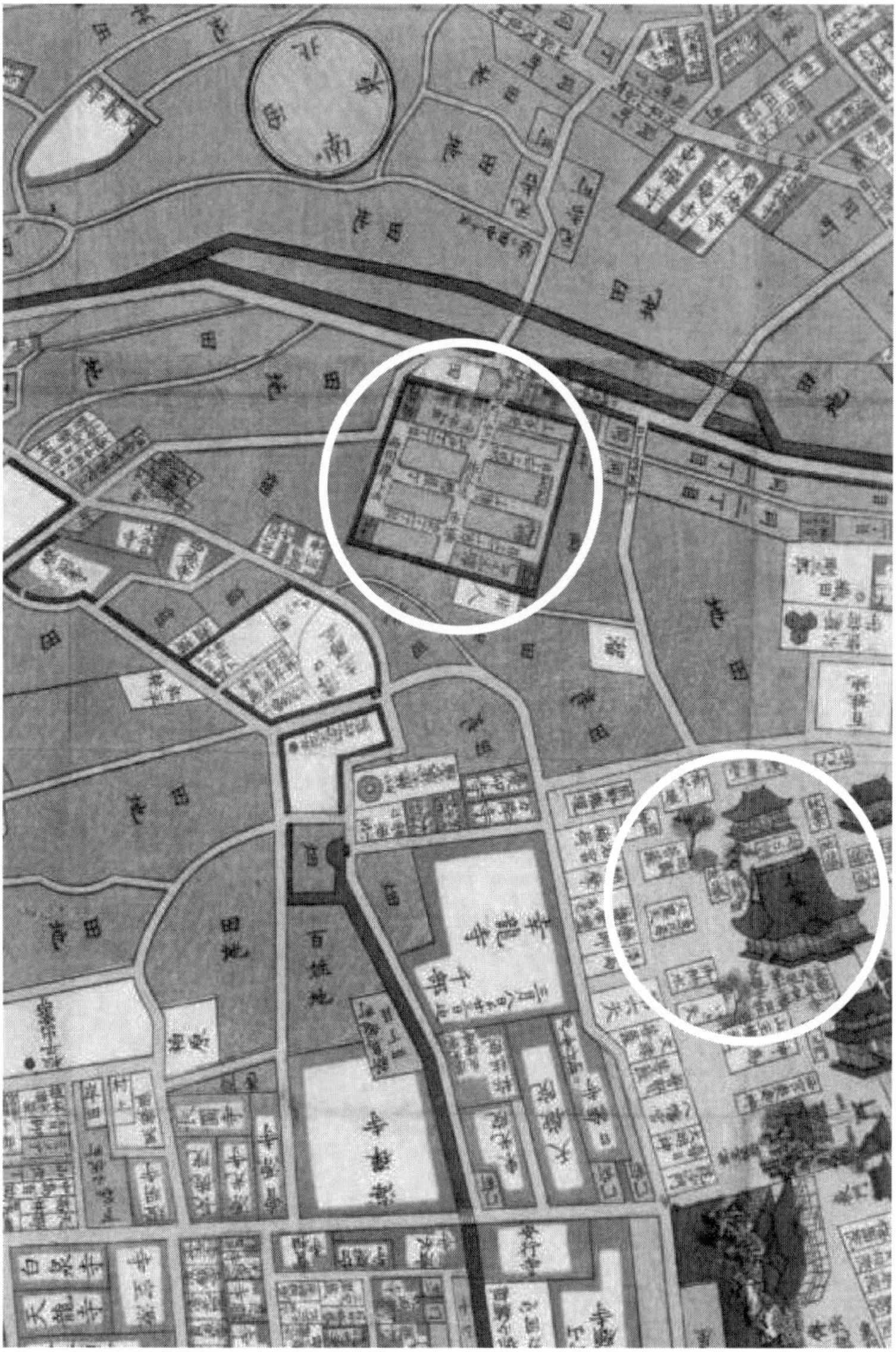

図二　『今戸箕輪浅草絵図』（尾張屋版、嘉永 2 〜文久 2 年）、国立国会図書館蔵

にもかかわらず、上級の武士や豪商までもが訪れ、吉原は空前の活況を呈した。元禄時代、吉原で豪商の紀文《きぶん》（紀伊国屋文左衛門）や奈良茂《ならも》（奈良屋茂左衛門）が金を湯水のようにばらまいて豪遊したのは、数々の伝説となっている。

また、高尾《たかお》をはじめ、最高位の遊女である太夫の格式の高さも伝説となっている。高尾を代表とする太夫は、セックスワーカーというよりスターだった。

もうひとつの変革は、遊興方法である。

元吉原以来、吉原には揚屋《あげや》があり、言わばデリヘル（派遣型）方式だった。

妓楼は遊女の生活の場である。妓楼とは別に、吉原には揚屋という豪壮な建物があった。

太夫など上級の遊女と遊びたい客は、まずは揚屋に上がる。そして、妓楼から遊女を揚屋に呼び寄せる。遊女と酒を呑むのも、床入りするのも揚屋だった。当然ながら、客の負担は大きくなった。

なお、揚屋に出向くのは太夫など上級遊女だけで、下級遊女は妓楼で客を迎えた。

▼図三は、太夫が妓楼から揚屋に向かうところで、先頭は太夫、次のふたりは禿、若い者、最後は監督係の遣手《やりて》である。

▼図四は、揚屋での、どんちゃん騒ぎの光景である。こうして散々騒いだあと、客と遊女は床入りした。紀文や奈良茂の豪遊も、このような情景であったろう。

ところが、元禄期のいわゆるバブル景気がはじけると、上級武士や豪商の足も途絶えた。吉原はたちまち不況におちいったのである。

苦境を打開するため、吉原も営業方針を変え、大衆路線に転換した。もちろん、大衆路線とは言っても、庶民には依然として吉原は高嶺の花だったのだが。

方針の転換にともない、宝暦年間（一七五一～六四）に、吉原の仕組みは変わった。宝暦年間は、九代将軍家重の末期から十代将軍家治の初期にかけてである。

宝暦年間を通じて、揚屋は廃止され、客はすべて妓楼に上がり、そこで酒宴をもうけ、遊女と床入りする仕組みになっていった。要するに、ハコモノの営業となった。

図三　『好色一代男』（井原西鶴著、天和２年）、国会図書館蔵
図四　『好色二代男』（井原西鶴著、貞享元年）、国会図書館蔵

近年、風営法の改変にともない、性風俗産業ではハコモノは減少し、デリヘルが増えている。江戸時代の吉原はまったく逆で、デリヘルからハコモノに移行したと言えよう。

宝暦期以降、吉原の遊女は名実ともにハコモノのセックスワーカーとなったのである。

また、元吉原以来、遊女の階級は太夫を筆頭に細分化されていたが、それも簡素化された。

まず、由緒ある太夫という称号は廃止された。宝暦期以降の遊女の称号は次の通りである。

上級遊女　花魁（呼出《よびだ》し昼三《ちゅうさん》―昼三―座敷持―部屋持）

下級遊女　新造《しんぞう》（番頭新造、振袖新造）

遊女見習い　禿

つまり、吉原の最高位の遊女は「呼出し昼三」と呼ばれた。

現在、時代小説や、テレビ・映画の時代劇の舞台となっているのは、宝暦期以降の吉原である。もし、時代小説や時代劇に太夫が登場したら、時代考証の間違いということになろう。

次に、吉原の仕組みや、遊女の境遇について述べていくが、すべて宝暦期以降の実態である。

吉原はどんなところだったか

浅草と三ノ輪を結ぶ、日本堤《にほんづつみ》と呼ばれる土手道があった。この土手道のほぼ中央に、吉原は位置している。まわりは、吉原田圃《よしわらたんぼ》とよばれる田畑が広がっていた。

そのため、吉原に行くには、どこから出発したとしても、最後は日本堤を通らなければならなかった。

人々は徒歩か、駕籠に揺られて日本堤を進み、吉原に行った。

▼図五に、日本堤が描かれている。左手の、建物が密集しているところが吉原である。雨の夜なので、実際にはほとんど見通せなかったであろう。

吉原は長方形の区画で、総面積は約二万八百坪あった。周囲は堀と板塀で囲まれた閉鎖空間で、大門《おおもん》が唯一の出入り口だった。

▼図六に、大門からながめた吉原が描かれている。俗に「遊女三千」と称されたほどで、多数の妓楼の遊女をすべて合わせると、その人数は三千人前後になった。そのほか、妓楼には大勢の奉公人がいた。さらに、吉原の区画内には料理屋や商家もあり、裏長屋には芸人や職人、商人なども住んでいたので、合計すると、吉原にはおよそ一万人が定住していた。

吉原の中央をつらぬく大通りを「仲《なか》の町《ちょう》」と言った。

▼図七は、仲の町のにぎわいが描かれている。図七の左端に見える門が、大門である。仲の町に沿って建っている二階建ての建物は引手茶屋《ひきてぢゃや》だが、この役割については後述する。右手の木戸門を奥にはいると、通りの両側に妓楼が軒を連ねていた。

図五　『江戸八景　吉原の夜雨』（渓斎英泉）、国会図書館蔵

吉原はいくつかの町に分かれていたが、変遷を経て、江戸町《えどちょう》一丁目、江戸町二丁目、揚屋《あげや》町《まち》、角町《すみちょう》、京町《きょうまち》一丁目、京町二丁目、伏見町《ふしみちょう》に分けられた。仲の町から各町にはいる入口に、図七に見えるような木戸門があった。

記録や戯作などに、

江戸町の姿海老屋《すがたえび》の此糸《このいと》

とある場合、吉原の江戸町一丁目か二丁目にある姿海老屋という妓楼の、此糸という遊女、の意味である。

妓楼は通りに面して、張見世《はりみせ》と呼ばれる、格子張りの座敷をもうけていた

この張見世に遊女が居並び、男たちは格子越しにながめて、相手を決める。

▼図八で、張見世の光景がわかろう。格子に顔をくっつけるようにして、男たちが中の遊女を品定めしている。

また、この張見世こそ、吉原の格式の象徴

図六　『想合対菅笠』（尾上梅幸著、文政 10 年）、国会図書館蔵

図七　『恋渡操八橋』（式亭小三馬著、天保 12 年）、国会図書館蔵

図八　『白浪日記』（東里山人著、文政 5 年）、国会図書館蔵

だった。というのは、岡場所の女郎屋や宿場の飯盛旅籠屋に張見世はなかったからである。

図八で、張見世の左の、暖簾のかかっているところが妓楼の入口である。

また、図六〜八から、多くの人が通りを行き交っており、いかに吉原がにぎわっていたかがわかろう。

吉原がにぎわっていたのは、女郎買いを目的とする男だけでなく、観光目的の老若男女も多数、訪れたからだった。

たんなる遊廓にとどまらず、吉原は江戸最大の観光地でもあった。

浅草の浅草寺《せんそうじ》に参詣したあと、足をのばして、浅草寺の裏手に当たる吉原を見物するのは、江戸観光の定番コースになっていた。

幕末の尊王攘夷の志士・清河八郎は、庄内（山形県）から出てきた四十歳の母をともない、安政二年（一八五五）八月二十二日、吉原見物をした。その著『西遊草』には——

江戸町弐丁目久喜巴字なる大楼にのぼり、あれこれ倡婦どもの坐敷を一覧いたさる。

——と記している。

それなりに金を使ったのであろうが、清河は母親を江戸町二丁目の妓楼にあげ、遊女の部屋を見学させたのである。倡婦は遊女のこと。

現在、東京に住む息子が、地方から上京してきた母親を風俗街に案内する、まして性風俗店を見学するなど、とうてい考えられない。

江戸の吉原が、女ですら見物したがる観光地だったのがわかろう。また、当時の普通の女が、遊女を蔑視したり、差別視したりしていなかったことの証でもあろう。

そして、吉原見物の最大の目玉が、花魁《おいらん》道中《どうちゅう》だった。花魁道中は言わばテーマパークのパレードである。

▼図九に、仲の町を練り歩く花魁道中の様子が描かれている。

先頭を行くふたりの女は新造。次に花魁。花魁の左右を歩くのは禿である。花魁に続く女は遣手。背後から花魁に長柄傘《ながえがさ》を差しかけているのは、若い者である。

また、図九に桜が描かれている。吉原では三月初め、植木屋が根付きの桜を仲の町に植えた。そして、三月末にすべて運び去る。

桜の時期、吉原では花見と同時に花魁道中も見物できたのである。とくに、夜桜の下を行く花魁道中は、夢幻の世界のような美しさと評された。

かくして、吉原の遊女、なかでも花魁は男たちのあこがれとなった。花魁は、江戸の最高級のセックスワーカーだった。

図九　『ぬしや誰問白藤』（市川三升著、文政11年）、国会図書館蔵

【コラム】

吉原の定住人口

『寛延雑秘密録』に、寛保三年（一七四三）の江戸人別改が記されており、それによると、

吉原の人口　男女合わせて	８６７９人
内、遊女と子女を合わせて	３９０５人

なお、子女は禿のことであろう。

『椎の実筆』に、天明七年（一七八七）の吉原大門内の人別が記されている。要するに、吉原の定住人口である。それによると、

吉原の人口	１４５００人余
男	８２００人
女	６３００人
内　遊女	２５００人

『藤岡屋日記』に、弘化三年（一六四六）、吉原が町奉行所に提出した、人口調査の結果が記載されている。それによると、

総人数	８７７８人
男	１４３９人
女	７３３９人
内　遊女	４８３４人

興味深いのは、吉原に定住している人間の出身地を調べていることで、それによると、

御当地出生	７６５５人
他国出生	１１２３人

である。江戸時代も後期になると、吉原に住んでいる男女の多くは江戸生まれだったことになろう。

遊びの手順

客と遊女の初めての対面を「初会《しょかい》」と言った。二度目を「裏」、あるいは「裏を返す」と言った。三度目以降は、「馴染《なじ》み」と呼ばれる。

ところで、吉原の遊女は一会目や二会目では帯を解かず、三会目に初めて肌を許すという説があるが、一種の吉原伝説に過ぎない。上級遊女の花魁でも、初会から床入りした。

まずは、初会の登楼《とうろう》――妓楼に上がること――の仕方について述べよう。大きく分けて、ふた通りあった。

登楼のひとつは、客が張見世の前に立ち、見立てる方式である。

図八にあるように、張見世に座っている遊女を格子越しに見て、気に入った相手がいたら、入口付近に立っている若い者に、

「右から二番目の女を」

などと告げればよい。

若い者は遊女を確認し、

「花山さん、お仕度《したく》ぅ～」

と、大きな声で客がついたことを伝える。

あとは、若い者に任せておけばよい。二階の座敷に案内され、待っていると、指名した花山が現れる。

初対面の挨拶をしたあとは、酒や料理を頼んでもよいし、そのまま床入りしてもよい。また、時間で帰る場合もあれば、泊まる場合もあろう。すべて、自分の希望を若い者に告げればよかった。また、揚代は、

若い者に請求されたときに渡せばよい。

基本的には、現代のハコモノにも通じる手順と言えよう。

なお、張見世で見立てるに先立ち、下調べをすることもあった。その際に役に立つのが『吉原細見《よしわらさいけん》』である。

『吉原細見』は吉原のガイドブックで、▼図十のように、妓楼の屋号と場所、遊女の名と揚代が記されていた。

吉原のあちこちに細見売りと呼ばれる男が立ち、『吉原細見』を売っていたが、市中の本屋でも販売していた。実用で買い求める男がいる一方で、江戸土産として買い求める者も多かった。

さて、次回は、つまり裏を返すときは、まっすぐに妓楼の入口に向かえばよい。若い者に遊女の名を告げれば、

「あたしの勘ですが、花山さんは、おまえさんに惚れていますよ」

などと、追従《ついしょう》を並べながら二階に案内する。

ところで、花魁の最高位である呼出し昼三の

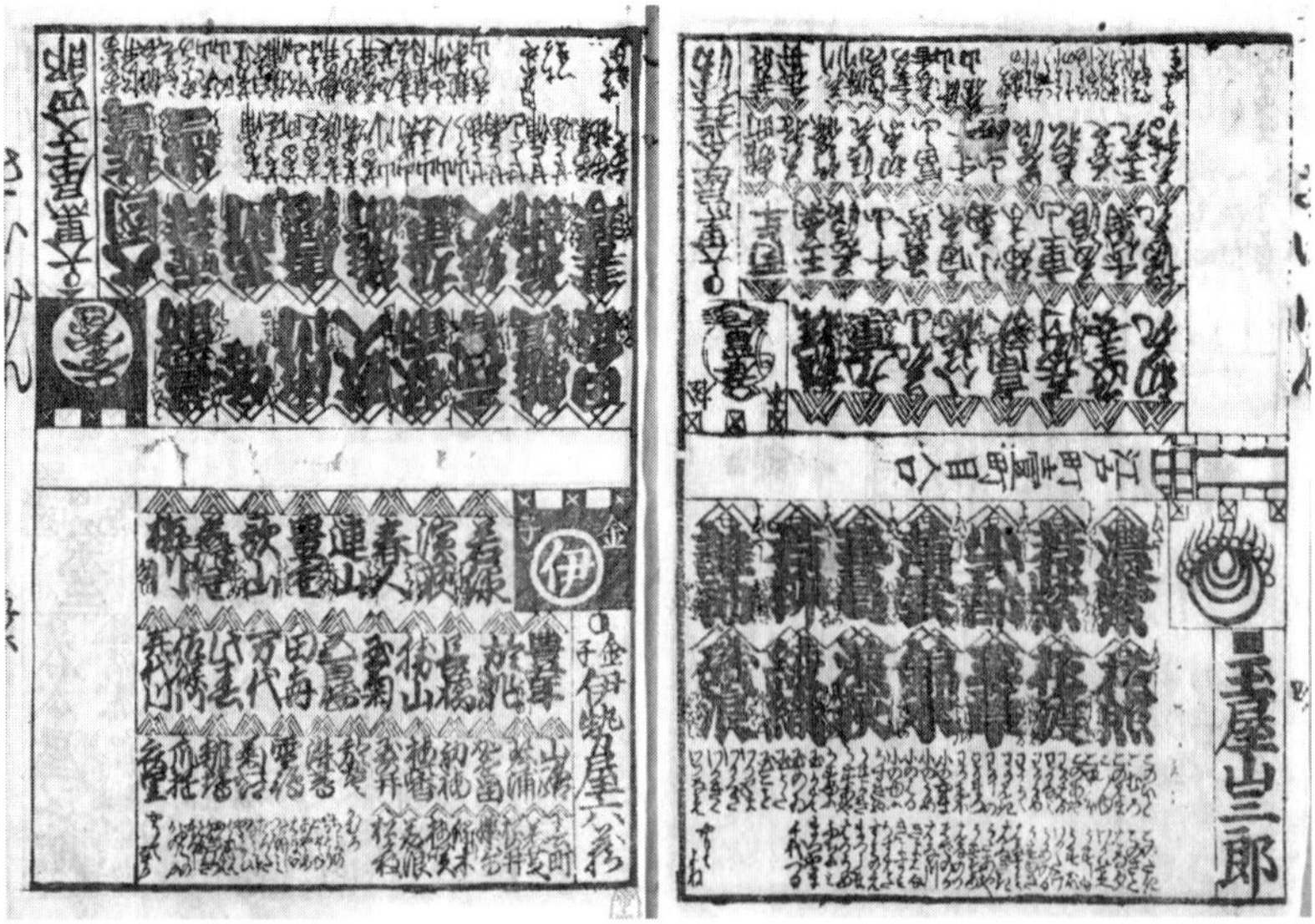

図十　『吉原細見』（弘化２年）、国会図書館蔵

揚代は一両一分だった。現在に換算すると約十万円になろうか。露骨な表現をすると、「一発」の値段が十万円ということである。

登楼のもうひとつが、引手茶屋《ひきてぢゃや》を通す方法である。

図七のように、仲の町の両側には引手茶屋が軒を並べていた。引手茶屋は、言わば吉原の遊びのガイド役である。

客の男はまず、引手茶屋に上がる。初会の場合、茶屋の主人や女房が酒を勧めながら、客の希望を聞き取った上で、若い者を妓楼に走らせ、遊女を予約しておいた。

▼図十一は、引手茶屋に上がった男が、茶屋の主人と女房に希望を述べているところである。

時刻を見はからい、茶屋の若い者に案内され、妓楼に出向く。

妓楼の方でも、引手茶屋を通した男は上客として、下にも置かぬ扱いをした。

引手茶屋の若い者はずっと客に付き添い、酒宴になれば芸者や幇間の手配をし、客と遊女が床入りするまで見届けた。さらに、いわゆるモーニングコールを頼めば、若い者が翌朝、その時刻に寝床にまで来て、起こしてくれた。その後は若い者にともなわれて引手茶屋に行き、朝食となる。

このように、引手茶屋は至れり尽くせりの世話をしたが、当然、高くついた。

客が高くつくのを承知で、わざわざ引手茶屋を通したのは、大尽気分が味わえるからだった。要するに、「俺を特別扱いしろ、金ならあるぞ」というわけである。

また、引手茶屋が遊興の費用を、すべて立て替えてくれたからでもあった。遊女の揚代はもちろん、仕出し料理の支払いや、芸者や幇間に渡す祝儀なども、すべて引手茶屋の信用ですませることができた。そのため、客はいちいち支払うわずらわしさがなかった。

引手茶屋は言わばクレジットカードだったのである。客はあとで、引手茶屋からまとめて請求された。もちろん、引手茶屋はリスクが大きいため、客から最初に金をあずかる場合もあったし、身元も確かめた。

こうした引手茶屋を通す登楼で、もっとも贅沢なのが次のようなものである。

いったん引手茶屋に上がった男は、若い者を走らせて、妓楼から花魁を呼び寄せる。声のかかった花魁は、新造や禿、遣手、若い者を従えて引手茶屋にやってきた。

二階座敷で酒を呑みながらしばし歓談したあと、客は花魁や供の者を引き連れ、妓楼に向かうというもの。その光景が、▼図十二である。

図十二の先頭にいるのが、客の男である。画中には「大尽《だいじん》」と記されている。

こんな一行に出会った男たちは、

「ほう、どこのお大尽だろうか。うらやましい」

と、羨望の目でながめたに違いない。

客の男にしてみれば最大の見栄であり、晴れがましい場面であったろう。

一方の花魁にしても、現代の水商売で言えば同伴出勤であり、妓楼でも大きな顔ができた。

妓楼に着くと、まずは芸者や幇間を呼んで盛大な酒宴をもよおし、台屋と呼ばれる仕出し料理屋から豪華な料理も取り寄せる。みなからちやほやされて、客はいい気分になったあと、花魁と床入りする。花魁は性技の限りを尽くして男を満足させた。

こんな遊び方をすれば、ひと晩で十両、現代の価格に換算しておよそ百万円はかかった。

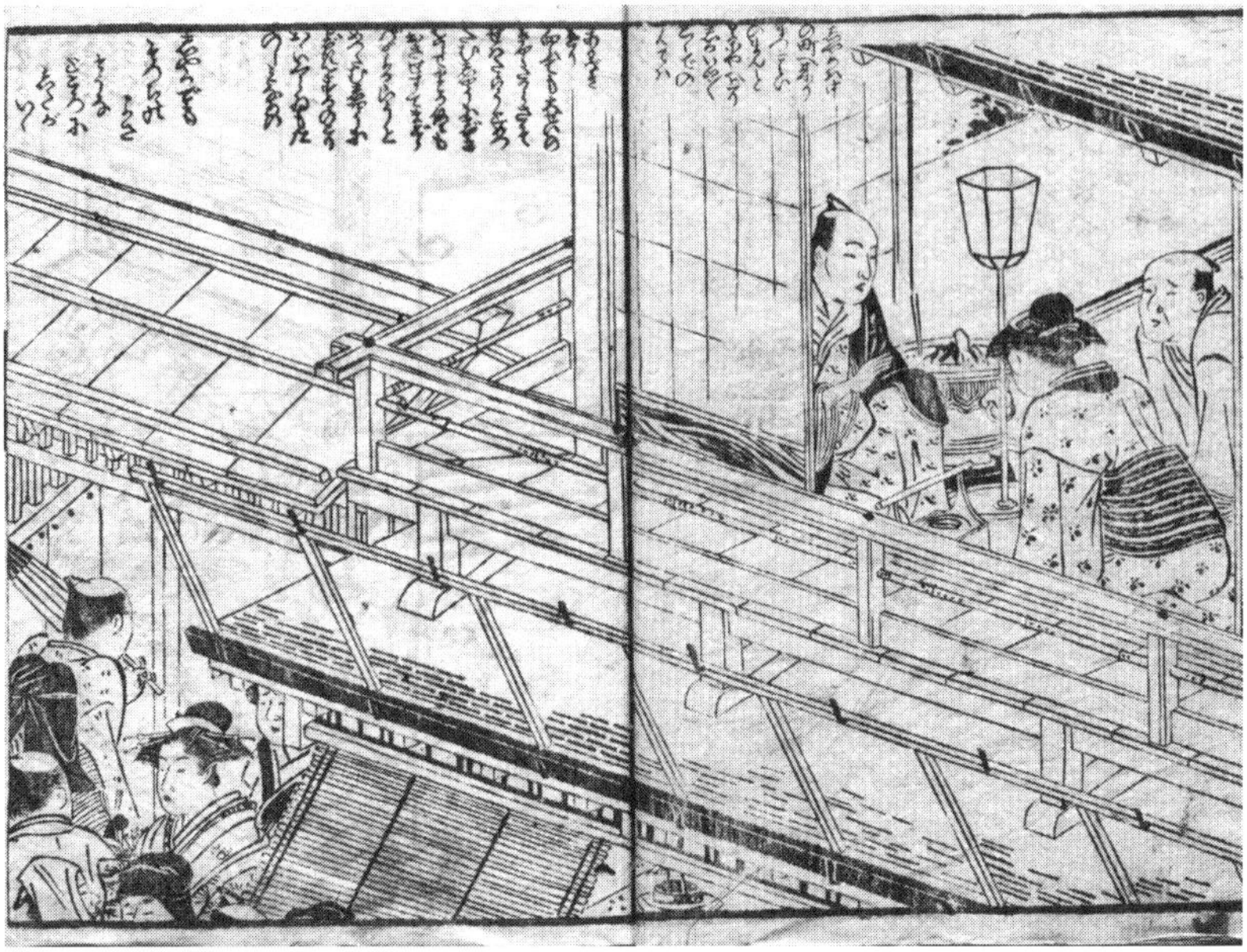

図十一　『早出来』（豊里舟著、天明２年）、国会図書館蔵

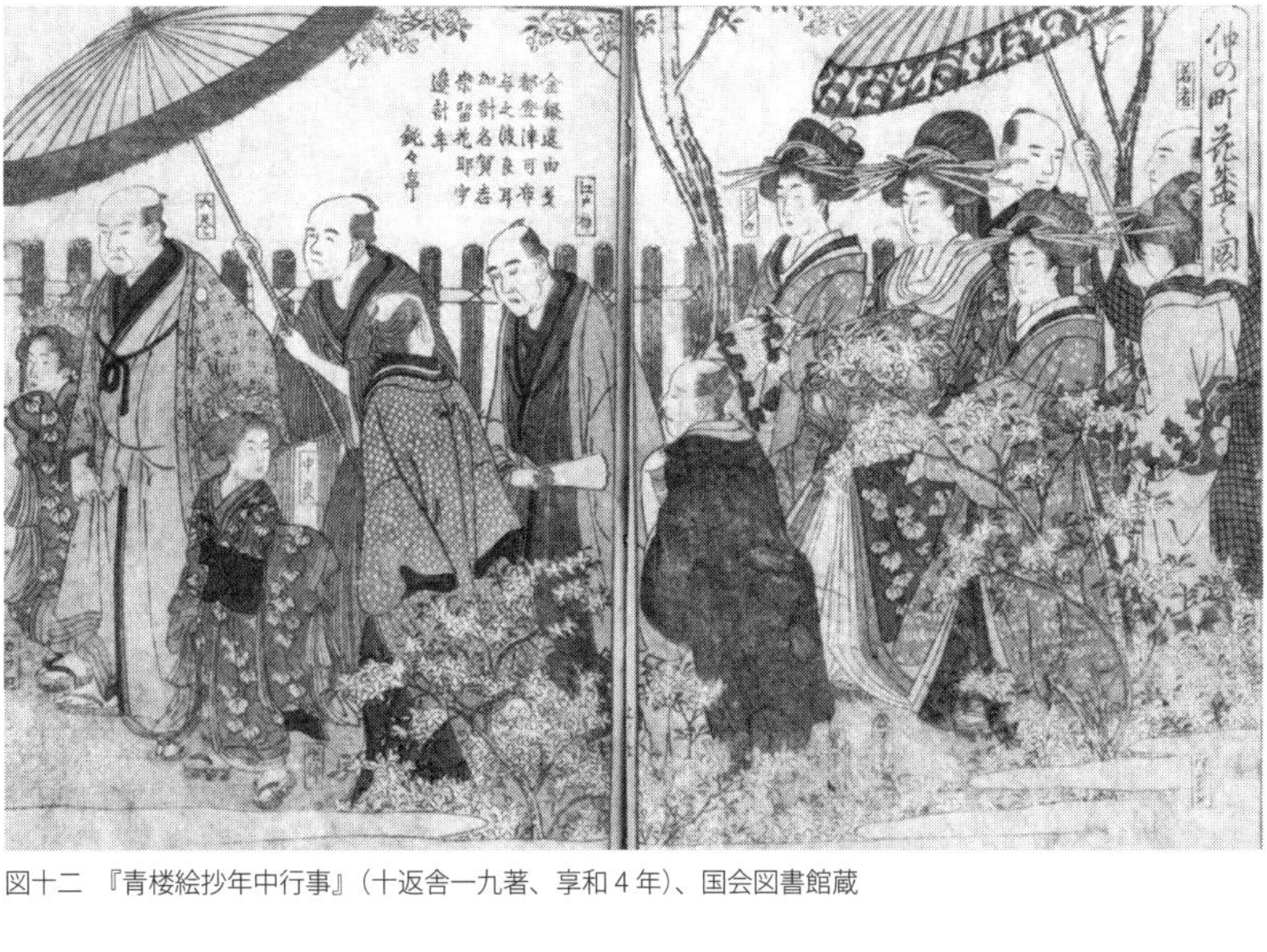

図十二　『青楼絵抄年中行事』（十返舎一九著、享和４年）、国会図書館蔵

遊女の生活

吉原は昼夜を問わず、男の出入りは自由である。しかし、女は商用であれ私用であれ、中に入るのは自由だが、出るときは、大門のそばにある四郎兵衛会所《しろべえかいしょ》の番人に手形（鑑札）を示さなければならなかった。

そのため、吉原に行商に来た女はあらかじめ、大門の外にある茶屋などで手形を入手した。吉原内に住む芸者が外に出るときも、茶屋などで手形を発行してもらった。

これは、遊女の逃亡を防ぐための措置である。四郎兵衛会所の番人が、大門から出る女をきびしく監視したのだ。

遊女は、大門から一歩も外に出るのは許されなかった。遊女が外に出られるのは、年季が明けたとき、身請けされたとき、そして死んだときだけだった。

とくに死んだときは、菰《こも》に包まれ、若い者にかつがれて三ノ輪の浄閑寺《じょうかんじ》に運ばれ、墓地の穴に埋められて終わりだった。浄閑寺は投げ込み寺と呼ばれた。

吉原の遊女は、籠の鳥だったと言えよう。

では、遊女は、セックスワーカーとしてはどんな生活をしていたのだろうか。

吉原は一日に二回の営業で、

昼見世《ひるみせ》　九ツ（正午頃）～七ツ（午後四時頃）
夜見世《よみせ》　暮六ツ（午後六時頃）～

に分かれていた。

なお、この昼見世、夜見世の区分は岡場所や宿場にはなかった。

当時、人々は朝が早かった。泊った客も、夜明け前に妓楼を出ることが多い。いわゆる、朝帰りである。

▼図十三は、朝帰りする客を遊女が見送っている光景。左の遊女と客の遣り取りは――

「きっとざいますよ。ほんに、きっとでざいますよ。おだましなんすな」

「承知、承知」

――という具合である。男は遊女に何か約束をしたようだ。

遊女は図十三のように、泊り客が帰るのを見送ったあと、寝床に戻って二度寝をした。そして、二度寝から起き出すのが、四ツ（午前十時頃）である。

遊女の起床は四ツだった。もちろん、ほかの奉公人は早朝から働いていた。

図十三　『契情畸人伝』（式亭三馬著、文化14年）、国会図書館蔵

四ッに起床した遊女は朝風呂にはいり、朝食を摂り、その後は髪を結ったり、化粧をしたりして身支度をしなければならないが、昼見世が始まるまでは自由時間でもあった。この時間帯は、行商人の相手をしたり、手紙を書いたり、本を読んだりして過ごした。

▼図十四は、新造と禿がそろって、一階で朝食を摂っている場面である。大勢が行き交う中での食事だった。

いっぽう、花魁は二階に個室をあたえられていたので、奉公人に自室に膳を運ばせ、ゆっくり食事をした。

昼見世が終わったあと、昼食である。七ツ（午後四時頃）過ぎの昼食だった。新造と禿の食事風景は同じく、図十四のようであったろう。

いったん夜見世が始まるとあわただしいので、新造や禿はもとより花魁も、夕食はちょっとした隙を見て、台所の隅でかき込むようにして食べた。

ただし、妓楼が供する食事は質素だった。御飯こそ白米（銀シャリ）だったが、総菜はせいぜい芋の煮付けと香の物くらいである。新造や禿は粗食に甘んじなければならない。

だが、人気のある花魁は客からもらう祝儀があるため、仕出し屋から総菜を取り寄せ、贅沢な食事をした。妓楼が用意する総菜など見向きもしなかった。

▼図十五は、昼見世が始まる前の、自由時間の光景である。

左から二番目の女は女髪結に髪を結ってもらいながら、手紙を読んでいる。女髪結は毎朝、妓楼にやってきた。

三番目の女は腹ばいになって本を読み、右端の女は足を投げ出した格好で三味線を爪弾《つまび》いている。

手前の女は男に何やら託している。男は文使いであろう。遊女の手紙を客に届けるのが仕事である。電

図十四　『安達原氷之姿見』（山東京伝著、文化 10 年）、国会図書館蔵

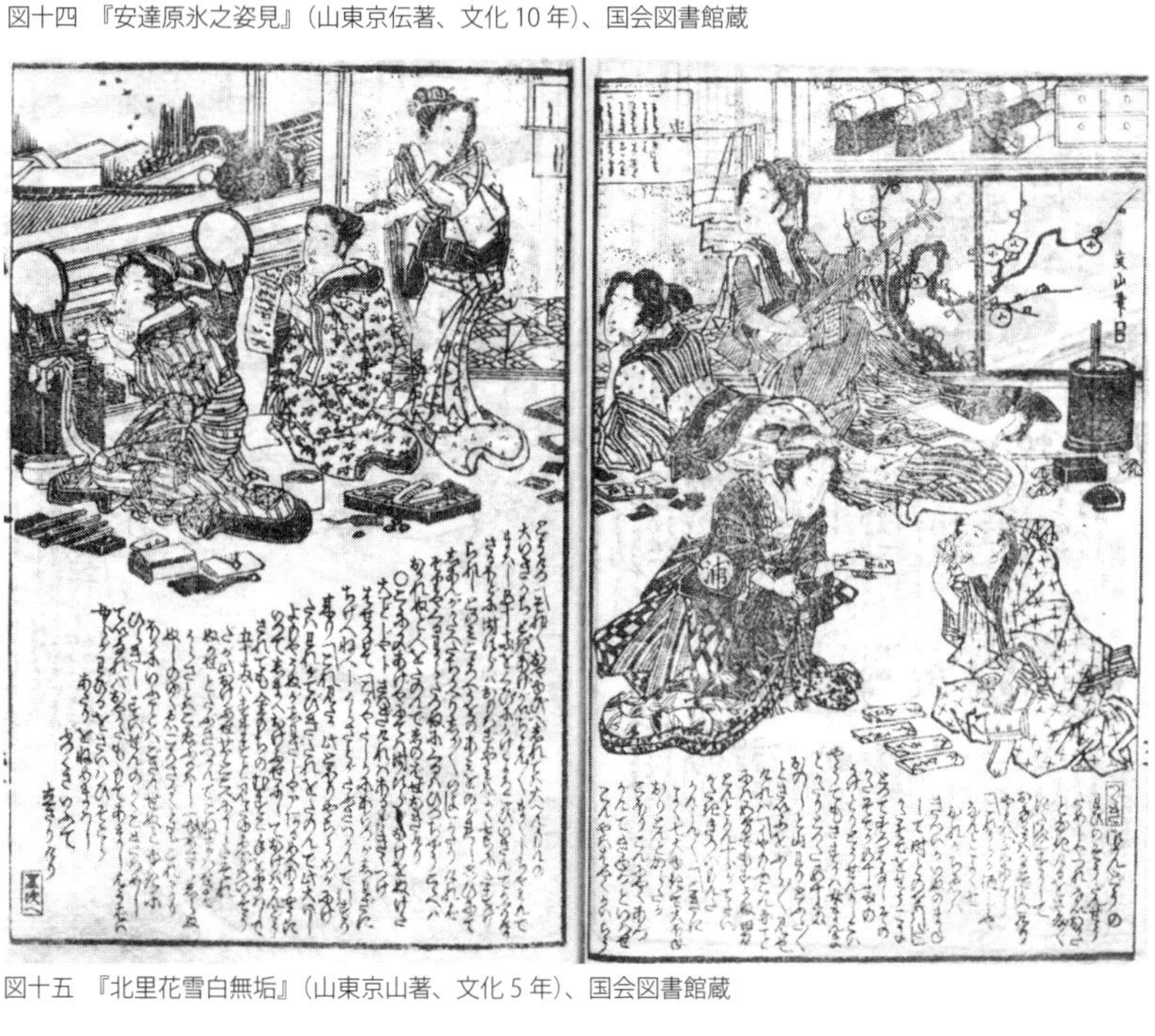

図十五　『北里花雪白無垢』（山東京山著、文化 5 年）、国会図書館蔵

話もメールもなかった当時、手紙が唯一最大の営業手段だった。

▼図十六は、夜見世の時間帯、客の男が芸者や幇間も呼んで、宴席をもうけた場面である。

中央にある豪華な料理は、台屋から取り寄せたのであろう。もちろん、値段は法外である。しかし、ほとんど手が付けられることなく、残った。

こうした残りものを深夜、新造たちが食べた。

戯作『総籬』（山東京伝著、天明七年）に、酒宴が終わって芸者が帰り、花魁と客が床入りしたあと——

　蝶足《ちょうあし》の膳を取り巻き、新造ども、げびぞうを始める。

——とある。蝶足は膳の足の形、「げびぞう」は下品な行為のこと。

図十六　『田舎鶯』（無仏庵元越著、文政６年）、国会図書館蔵

新造たちはてんでに、宴席の残った料理を食べ始めたのだ。残飯あさりと言ってしまえば下品であるが、当人たちにとっては切実だった。

というのも、妓楼から供される食事は質素なため、宴席の残り物を食べて栄養補給をしなければ体が続かなかったのだ。

遊女の一生

吉原の妓楼には、大見世《おおみせ》、中見世《ちゅうみせ》、小見世《こみせ》の区分があった。規模の違いと同時に、格式の違いでもあった。

しかし、妓楼の基本的な構造はどこも同じである。

妓楼は二階建てで、一階は奉公人の仕事と生活の場だった。台所や風呂、便所、楼主の居場所はすべて一階にあった。また、張見世も一階の通りに面した場所にもうけられていた。

二階は、遊女と客の場所で、花魁の個室や宴会場などがあった。▼図十七に、二階の様子が描かれている。

客が遊女と酒宴をもうけるのも、床入りするのも、すべて二階の座敷である。

▼図十八は、花魁の居室である。部屋には琴と碁盤があり、『源氏湖月抄』と『河海抄』が目に付く。ともに、『源氏物語』の注釈書である。花魁は文机《ふづくえ》の上にひろげた扇に、筆で和歌を書いていたようだ。

先述した、清河八郎の母親が見学した遊女の部屋も、図十八のようだったに違いない。きっと、母親はその豪華さと、花魁の教養の高さに感嘆したであろう。

このように、花魁は豪奢な生活をしていたが、大部分の新造は大部屋で雑居生活だった。

▼図十九は、朝の大部屋の、新造たちのだらしない光景。

図十七　『センリキョウ』（歌川国虎、文政７年）、国際日本文化研究センター蔵

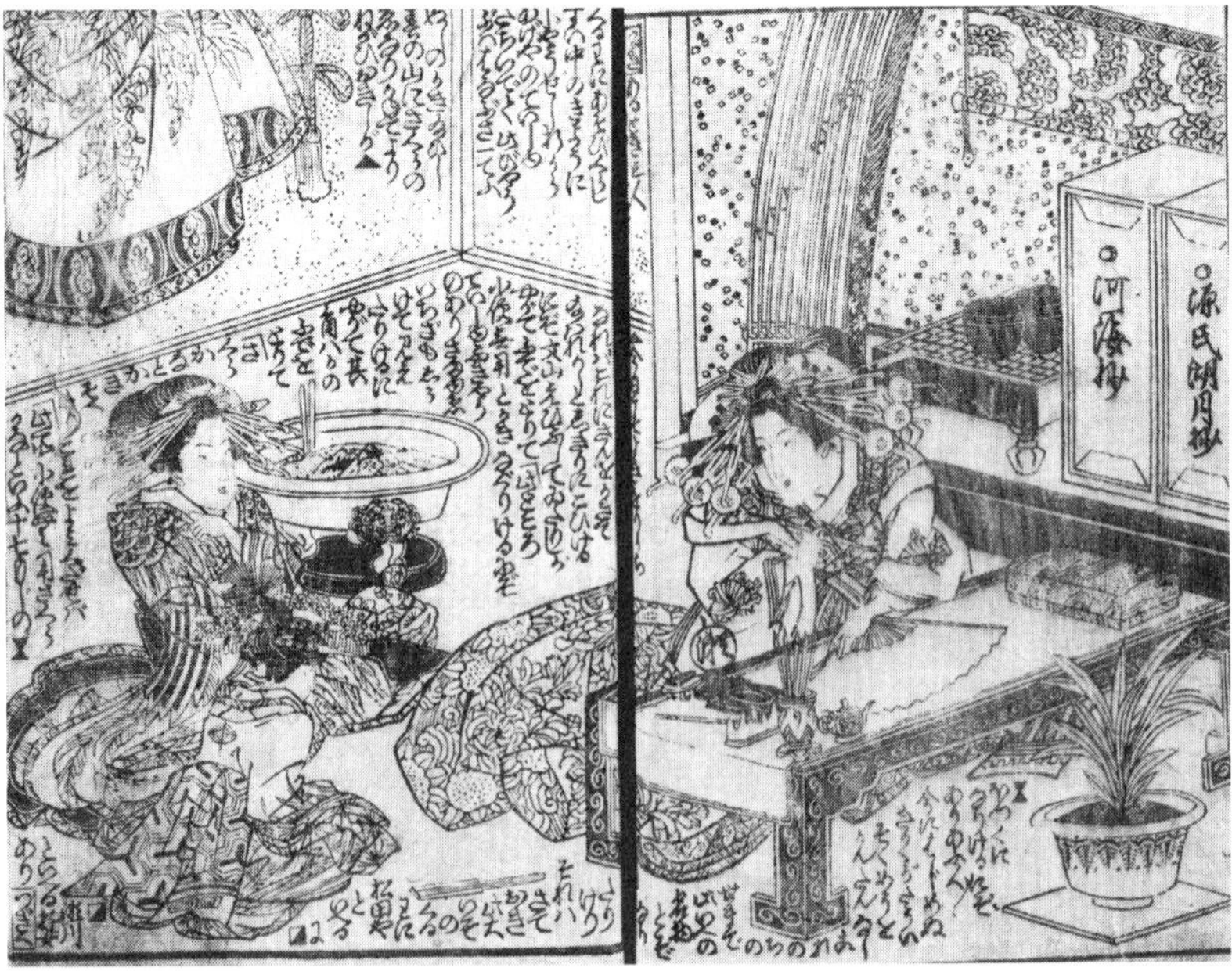

図十八　『女風俗吾妻鑑』（市川三升著、文政８年）、国会図書館蔵

誰もが花魁に出世できたわけではなく、新造のままで終わる者が多かった。

それどころか、花魁にしても新造にしても、年季の途中、二十代で病死する者が少なくなかった。

妓楼は職住同一であり、多くの人間が密集して生活していた。しかも、遊女は自由に出歩けず、不健康な生活だった。

こうしたことから、労咳《ろうがい》（肺結核）などの感染症にかかりやすかった。また、不特定多数の男と性交渉をすることから、梅毒や淋病などの性病に罹患し、健康を害する者が多かった。

そのため、遊女は年季の途中、二十代で死亡するのが珍しくなかったのだ。

ただし、年季の途中で吉原から抜け出す、身請けという方法があった。客の男が、遊女の身柄をもらい受けるというものである。だが、大金が必要だった。

楼主は身請けに際して、その遊女が残りの年季で稼ぐであろう金額の補償を求めると称して、ここぞとばかりに吹っ掛けたのである。

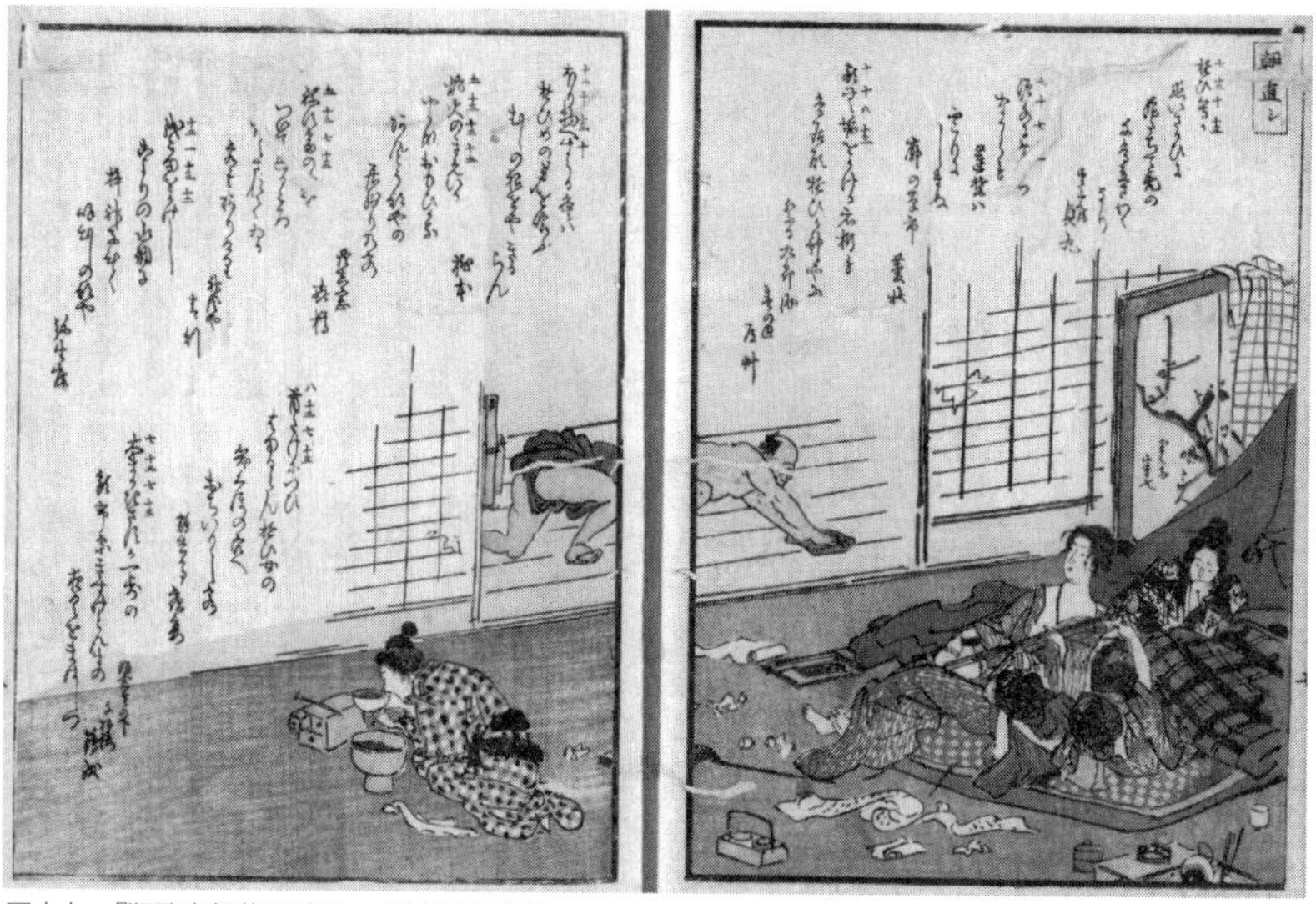

図十九　『狂歌東都花日千両』、国会図書館蔵

▼図二十は、妓楼・三浦屋の遊女薄雲が、町人に身請けされたときの証文である。証文によると、元禄十三年（一七〇〇）七月三日、金額は三百五十両だった。
そのほか、身請けとなると朋輩や妹分の遊女、妓楼の奉公人一同、引手茶屋や芸者、幇間などに挨拶し、金品を贈らなければならない。さらに、盛大な送別宴も客の負担である。

そんな大金を出せる男など滅多にいない。身請けされた遊女は、ごく少数の僥倖を得た者だけと言えよう。その一例が、囲い者の項にある（二九ページ参照）。

ほとんどの遊女は、年季明けの日を指折り数えて、ひたすら待つしかなかった。

では、無事に年季が明けた遊女のその後の人生はどうだったのであろうか。

戯作『吉原談語』（十返舎一九著、享和二年）で、花魁が夢中になっていた客と切れると言ったのに対し、五十六、七歳になる馴染みの客がしみじみ――


「おお、それがよい、それがよい。昔からためしてみるに、女房にしよう、なろうと約束した客のとけえ行く者は、十人にひとり、あるかなしだ……」


――と助言する。

「年季が明けたら女房にする」と約束している客の男のうち、実行するのはせいぜい十人にひとりだ、と。

吉原の遊女はセックスワーカーの花形と見られていたが、年季が明けて素人に戻ってからの人生は必ずしも順調ではなかった。

というのは、炊事・洗濯・縫物などの家事がまったくできなかったからだ。禿から妓楼で育てられた女は、家事の経験がなかったのである。家事ができないと、庶民の女房としてやっていくのは難しかった。

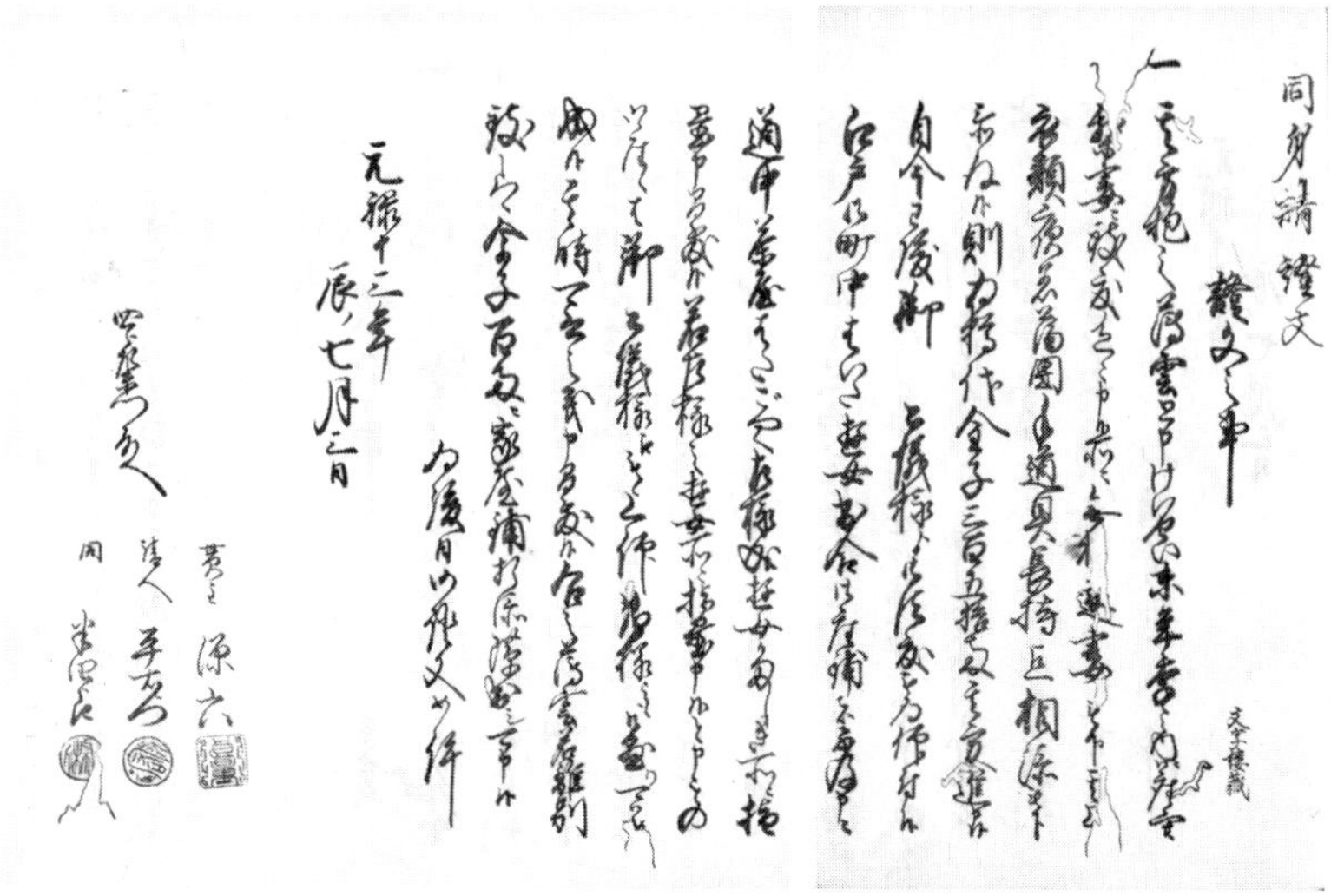

図二十　『花街漫録』（西村藐庵著、文政８年）、国会図書館蔵

男もそれがわかっているので、たとえ女房にすると約束していても、いざ年季明けが近づくと去っていった。

なかには、女房に迎えた男もいたが……。

戯作『浮世風呂』（式亭三馬著、文化十年）に、老婆が息子の嫁の愚痴を言う場面がある。大工である息子の嫁は、元遊女だった――

「かかあどのは、長屋中で評判の引きずりよ。……（中略）……、針を一本持たせると、畳屋さんがへりを刺すようだ。口は達者にべえらべえらしゃべって、……（中略）……宵っ張りの朝寝坊ときているから、人を集めて面白くもねえ芝居話をべえんべえんとして、そのあげくは寒いからぶっかけを食いてえのと、さんざっぱら、あばれ食いをして、お静まると高鼾《たかいびき》だ」

――と、罵倒している。

「かかあどの」は、息子の嫁のこと。「引きずり」は、不精で、おしゃればかりして働かない女房のこと。

【コラム】

遊女を妻

『ひとりね』（柳沢淇園著）に、次のような話がある。

享保六年（一七二一）、年季が明けた折岡という吉原の遊女を、ある男が迎えて妻とした。

柳沢淇園はその男とはごく親しい間柄だったため、

「元遊女を妻に持つのは、正直なところ、どんなものですか」

と質問した。

男はつぎのように答えた。

「女房にしてから半年くらいのあいだは、おりにつけ、つい意地の悪いことを言ってしまったものです。

『きっと深く言い交わした男があったであろう。隠さなくてもよい。これまでの男のことをすべて話してみろ』

そんな嫌味を言ういっぽうで、

『この女がほかの男を知らない処女だったらどんなによかったろう』

と、思ったものです。

多くの男に肌を許した遊女であるのを納得して妻に迎えたはずなのですが、ちょっとした痴話げんかのときなど、ついそんなことを口走ったり、思ったりするのです。

いっぽう、わたくしのそんな嫉妬や嫌味に、

『あたしは好きで遊女になったわけではありません。むごいことを言わないでください』

と、女房は涙を流していました。

しかし、それも半年ほどのあいだです。

その後は、女房の過去はまったく気にならなくなり、仲睦まじい夫婦となりました」

柳沢淇園《きえん》は早熟の才人で、文武はもとより芸事にも励み、二十歳になるころにはすでに、「人に師匠として教えることのできる芸十六を体得している」と称されるほどで、吉原で遊蕩したことでも知られる。

それにしても、元セックスワーカーを妻にした男の心理が非常に興味深い。

「ぶっかけ」は、かけ蕎麦のこと。

嫁と姑《しゅうとめ》の関係があるのはもちろんだが、遊女のあいだに身についた習慣は庶民の生活感覚では受け入れがたいものがあった。

そのため、吉原関連の料理屋や茶屋の女房、あるいは幇間の女房などになる例が多かった。年季が明けたあとも、けっきょく吉原から離れられなかったといおうか。

観光地としての吉原

吉原はたんなる売春街ではなく、江戸有数の観光地であり、老若男女が見物に訪れたことは先述した。訪れた人々を楽しませるため、吉原は年間を通して各種の行事をもよおした。中には独特の風習もあった。それを次に見ていこう。

松の内　大通りである仲の町は飾り竹の門松、妓楼は背中合わせの門松を飾った。

一月一日　この日は大門を閉じ、妓楼は一斉休業した。妓楼では大広間に楼主以下全員が集まり、雑煮で初春を祝った。

▼図二十一にその光景が描かれているが、裃を着ているのが楼主。雑煮を食べている遊女のうち、左のふたりは花魁、右のふたりは新造。祝いの膳にも格差があるのがわかる。

図二十一　『五節備稚童講釈』（山東京山著、天保４年）、国会図書館蔵

一月二日　妓楼の営業開始で、客にとってはいわゆる「初買い」だった。妓楼には大黒舞や太神楽《だいかぐら》が来てにぎわった。

一月七日　七草粥。

二月初午《はつうま》の日　妓楼では遊女の名を記した大提灯を軒下につるし、赤飯・油揚などを供えた。吉原内の稲荷社では、とくに九郎助《くろすけ》稲荷の縁日がにぎわった。

三月一日　仲の町に桜が植えられた。月末にはすべて撤去される。

▼図二十二は、引手茶屋の二階から花見をしている光景。夜桜は、吉原の三大イベントのひとつである。

三月三日　雛祭り。

四月一日　衣替えで、遊女の着物は綿入から袷《あわせ》に変わる。

四月九日　妓楼は軒に卯の花を挿した。

四月下旬　仲の町に花菖蒲が植えられた（安政期から）。

五月五日　端午の節句で、着物も袷から単《ひと》

図二十二　『三体志』（歌川国貞、文政12年）、国際日本文化研究センター蔵

衣《え》に変わる。

五月中旬　引手茶屋で、芸者を動員して甘露梅《かんろばい》作りが始まる。

七月一日から月末まで、引手茶屋は軒に様々な灯籠をつるした。三大イベントのひとつで、玉菊燈籠《たまぎくどうろう》と言われている。

▼図二十三は、引手茶屋で灯籠をつるしているところ。

七月七日　七夕。

七月十二日　早朝から仲の町で草市が立ち、盆用の品が売られた。

七月十三日　妓楼は一斉休業する。半年ぶりの休日である。

八月一日　八朔《はっさく》。仲の町を花魁道中する遊女は白無垢を着た。また、この日から三大イベントのひとつである俄《にわか》が始まり、晴天三十日、続けられた。

俄は踊りや芝居を演じながらの行列で、

▼図二十四にそのにぎわいが描かれている。

八月十四〜十六日　月見。

図二十三　『青楼絵抄年中行事』（十返舎一九著、享和４年）、国会図書館蔵

九月九日　この日から、遊女は冬の衣裳に変える。

十月　大火鉢が出される。最初の亥の日に、亥の子の祝いをおこない、牡丹餅を食べる。

十一月八日　ふいご祭りで、日除けのまじないとして妓楼の中庭に蜜柑を投げ、禿に拾わせた。

十一月十七、十八日　廓内の秋葉大権現の祭礼。

十二月十三日　妓楼では煤掃きがおこなわれた。

十二月二十日前後　餅つき。

十二月二十五日　松飾りを立てる。

大晦日　妓楼に狐舞が押しかけて来て、遊女や禿は騒いだ。

これら行事以外にも、日々の花魁道中や、張見世の見物など、吉原見物は見どころが多く、刺激に満ちていた。

だが、こうした催事は、妓楼には痛し痒《かゆ》しの面もあった。たしかに観光客や見物人は増えたが、必ずしも登楼する客の増加にはつながらなかったのだ。

図二十四　『春色初音之六女』（歌川国貞、天保 13 年）、国際日本文化研究センター蔵

理由は、後述する岡場所、そして江戸に近い宿場の台頭である。吉原は岡場所や宿場に客を奪われたのである。

【コラム】

吉原見物は聖地巡礼

現代人が「江戸の遊廓」と聞いたとき、まず頭に浮かぶのは吉原であろう。江戸時代の人々も同じだった。

当時、全国各地に遊里があり、多種多様なセックスワーカーがいた。そんな中にあって、吉原の知名度と人気は傑出していた。

藩主の参勤交代に従って江戸に出てきた藩士――勤番武士が江戸で最初に行きたがったのが吉原だった。ただし、金銭的な余裕がないので、たいていは見物だけである。

佐賀藩鍋島家の藩士・牟田文之助は幕末期、剣術修行で全国各地をまわったが、江戸では藩邸に滞在した。日記『諸国廻歴日録』によると、安政元年（一八五四）三月三日、佐賀藩士に案内されて吉原に行っている。文之助は花魁道中を見物して大いに感激しているが、登楼はしていない。

紀州藩徳川家の下級藩士・酒井伴四郎は江戸詰めを命じられ、万延元年（一八六〇）五月、江戸に出てきた。『酒井伴四郎日記』によると、七月十六日、藩士ら総勢五人で藩邸を出て、吉原見物をしている。ただし、伴四郎らは見物だけで、登楼はしていない。

諸藩の武士だけではなく、地方の庶民も吉原に行きたがった。商用などで江戸に出てきた商人は無理をしても時間を作り、吉原に足を運んだ。

では、なぜ、みな、これほど吉原を見物したがったのだろうか。

現在、アニメの舞台になった場所などをファンが訪ねるのを、「聖地巡礼」という。江戸時代の人々が吉原に行きたがったのも、まさに聖地巡礼だった。

というのも、当時の出版人・蔦屋重三郎は吉原を舞台にした戯作（小説）を多数、刊行した。さらに、吉原の遊女を描いた錦絵も多数、刊行した。

蔦屋だけでなく、他の本屋（出版社）からも、吉原と遊女を題材にした戯作や錦絵が続々と刊行された。

写真も映像もない時代、蔦屋などの刊行物が、地

図　『日本と日本人』（アンベール編、1874年）、国際日本文化研究センター蔵

方に住む人々の吉原へのあこがれをかき立てたのである。

一度でいいから、戯作や錦絵の舞台となった吉原を実際に見てみたい――まさに聖地巡礼だった。

吉原への願望は男だけでなく、女にもあった。

幕末の尊王攘夷の志士・清河八郎は、母親に吉原見物をさせているほどである（一六〇ページ参照）。

地方の裕福な家の女も刊行物を通じて、吉原への想像を膨らませていたといおうか。

蔦屋など江戸の出版社は吉原を題材にして本や浮世絵を売り、一方の吉原はそうした刊行物で人気を高めたと言えよう。

外国人も吉原には興味を示した。図は幕末期のレセプションホール（張見世）を描いたもの。

3　岡場所の遊女

政治に翻弄された

時代によって差があるが、岡場所は江戸市中に四十～五十カ所くらいあった。

▼図一は、「三角」と呼ばれた岡場所の入口の光景。現在の東京都港区芝五丁目あたりである。

岡場所の遊女はセックスワーカーとしては、吉原の遊女以上に人気があった。男たちに支持されていた、と言ってもよかろう。

というのも、

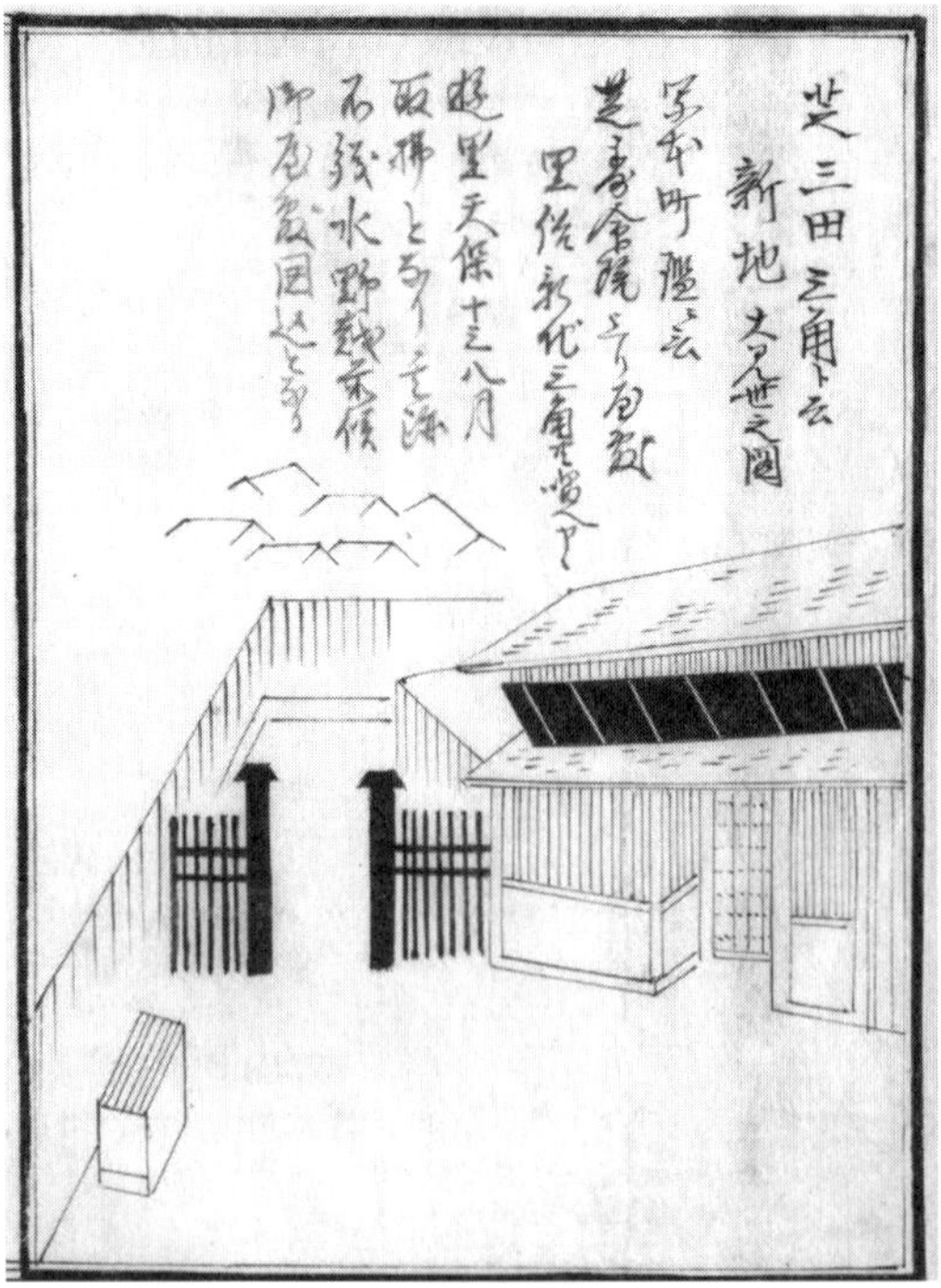

図一　『岡場所考』（石塚豊芥子編、安政４年）、国会図書館蔵

第一に、吉原に比べ、岡場所は揚代が格段に安かった、
第二に、吉原は江戸市中からは辺鄙な地にあったのに対し、岡場所は市中に散在していたため、格段に便利だった、
からである。

下級武士や庶民の男は、吉原に行っても花魁道中を見物したり、張見世の遊女を冷やかしてまわるだけで、妓楼には上がらない。実際に女郎買いをするのは岡場所の女郎屋、というのが一般的だった。

図二　『寸南破良意』（南鐐堂）、国会図書館蔵

つまり、下級武士や庶民の男にとって、岡場所の遊女は手の届く、身近なセックスワーカーだったのである。

▼図二は、「こんにゃく島」と呼ばれる岡場所の遊女。現在の東京都中央区新川のあたりである。

▼図三は、「山下」と呼ばれる岡場所の遊女。現在の東京都台東区上野七丁目のあたりである。

だが、岡場所はそもそもが非合法だっただけに、政治に翻弄された。

天明七年（一七八七）、松平定信が老中に就任して断行した寛政の改革では、綱紀

図三　『盲文画話』（写）、国会図書館蔵

粛正の一環として岡場所を槍玉に挙げた。非合法の存在は許さないという、断固たる方針だった。

それまで、町奉行所は岡場所を見て見ぬふりをしてきたのだが、老中の厳命とあれば動かざるを得ない。役人が出動して、江戸市中の岡場所をすべて取り払った。

寛政五年（一七九三）、松平定信が失脚すると、その後、岡場所はたちまち復活し、前にもまして繁栄を謳歌した。男たちの需要があったから、と言ってよかろう。また、町奉行所も岡場所の復活を黙認した。

その後、およそ五十年。

天保十二年（一八四一）、老中水野忠邦が断行した天保の改革によって、またもや岡場所は徹底的に取り潰された。

『わすれのこり』（安政元年）に、天保の改革で取り払われた岡場所と、その評価が掲載されている。次に示そう。

深川之内

土橋（上）　仲町（上々）　表櫓（中）　裏櫓（中）　すそつき（中）　新石場（上）　古石場（上）　大新地（上）　小新地（下）　佃（局見世もあり、下品）

本所之内

御旅（上）　弁天（上々）　松井町（上）　常盤町（上）　入江町（局見世もあり、下品）　清水町（局見世もあり、下品）　鐘撞堂（局見世もあり、下品）

深川　網打場（上品）

音羽町（局見世もあり、中下）

赤坂（麦めし、中）

谷中いろは茶屋（上）
根津（局見世もあり、中下）
局見世計《ばか》り之部
市谷愛敬稲荷（下）　市谷ジク谷（下）　麻布市兵衛町（上品）　麻布藪下（中）　浅草堂前（上品）　鮫ヶ橋（下）　深川網打場（上品）

ともあれ、江戸の各地に岡場所があったのがわかろう。なお、局見世《つぼねみせ》については後述する。

そして、天保十四年、水野忠邦の失脚にともない、各地の岡場所は散発的に復活した。

そのほか、警動《けいどう》による岡場所の取り払いもあった。警動とは、町奉行所の役人による一斉手入れである。

もともと、町奉行所は岡場所を黙認していたので、多少の事件がおきても介入しなかった。ところが、放火や殺人などの重大事件が発生すると、町奉行所も乗り出さざるを得ない。役人を動員して、警動をおこなった。

一例をあげると、東京都江東区新大橋に安宅《あたけ》と呼ばれる岡場所があった。

文政四年（一八二一）、安宅で客の旗本がやくざ者と喧嘩になり、殴り殺された。幕臣が殺されたとあっては、町奉行所も手をこまねいているわけにはいかない。警動をおこない、多数の関係者が召し捕られ、結果として安宅は取り払いになった。

このように、岡場所は政治や役人の風向きに大きな影響を受けた。

現代、自治体の首長や警察幹部が変わると、性風俗店への規制が急にきびしくなることがある。それに似ていると言おうか。

岡場所の遊女は、男たちの人気があったにもかかわらず、不安定なセックスワーカーだった。

昼間は高い

岡場所の女郎屋は四六見世《しろくみせ》が主流だった。

四六見世とは、夜の揚代が四百文、昼間の揚代が六百文の女郎屋である。

現代の感覚では、性風俗店で、昼間の料金の方が夜より高いなど考えにくい。客が少ない時間帯は、料金を低くして集客を図るのが普通だからだ。たとえばラブホテルなど、平日の昼間の時間帯は値段を安く設定している。

この、夜間より昼間の方が高いという逆転現象の背景には、江戸時代特有の事情があった。

岡場所の昼間の客は、勤番武士と店者《たなもの》が多かった。

勤番武士は、藩主の参勤交代に従って江戸に出てきて、およそ一年間、藩邸内の長屋で暮らしている藩士である。ほとんどが単身赴任だった。

店者は、大きな商家の奉公人である。みな住込みであり、独身だった。

勤番武士も店者も性に飢えていたが、ともに夜間の外出はむずかしかった。というのは、大名屋敷は門限がきびしく、暮六ツ（午後六時頃）には表門が閉じられたからだ。また、商家にしても、主人や番頭が、若い奉公人が夜遊びをしないよう目を光らせていた。

そこで、勤番武士は寺社の参詣などを口実に外出して、岡場所に行った。店者は商用で外出した機会を利用して、岡場所に寄った。ともに、長居はしていられないため、性行為をすませると、そそくさと帰る。

店者の遊び方を、戯作『深川新話』（山手の馬鹿人著、安永八年）は――


膳なしの、床廻《とこまわ》しちょんの間契《まちぎ》りの、ずい帰《けえ》りというやつさ、う。

――と、評している。飲食なし、短時間の性行為をすませるや、すぐ帰る、と。勤番武士も同様であろう。

結果として、払うのは揚代だけである。

ところが、夜の客は時間に余裕があった。幇間や芸者を呼び、仕出し料理を取り寄せて酒宴を開く者もいたし、泊まる者もいた。もちろん、宿泊には別途に金がかかる。つまり、夜の客は四百文の揚代のほかに、多額の金を落としたのである。

女郎屋としては、昼間の揚代を割高にしないと採算が合わなかった。かくして、四六見世になったのである。

いっぽう、岡場所でもっとも安価な女郎屋が切見世《きりみせ》（局見世《つぼねみせ》ともいう）である。

一般的に岡場所の女郎屋は二階建てだが、切見世は長屋形式の平屋だった。

長屋には広さが二畳ほどの部屋が並んでいて、遊女はそこに寝起きし、また客を迎えた。

▼図四は、堂前と呼ばれた岡場所の、切見世の部屋である。堂前は、現在の台東区松が谷のあたり。

畳は二枚分しかなかった。また、その遊びは「ちょんの間《ま》」で、時間にして十〜十五分くらいだった。

線香をともして時間を計る。

揚代はちょんの間で百文だが、泊りもできた。泊りの揚代は二朱くらいだった。

▼図五に、切見世の光景が描かれている。狭い路地に多くの男たちがつめかけているのがわかろう。

遊女は戸をあけ放っていて、路地を行き交う男に声をかける。客がつくと、戸を閉めた。戸が閉まっているのは、客がいる合図である。

馴染みの男が目当ての遊女の所に来ても、戸が閉まっていることがあった。そんなとき、男が「どうせ、ちょんの間だからすぐにすむ」と、戸の前に立って待っていると、ただでさえ狭い路地の人の流れが滞留する。

渋滞を見るや、路地番の男が手にした金棒をジャランと鳴らし、

「まわれ、まわれ」

と怒鳴って、ひとまわりしてからまた来いと命じた。

図五の中央の、金棒を手にした男が路地番である。

▼図六では、路地で遊女と客の男がつかみ合いの喧嘩をしている。切見世の雰囲気がわかろう。

切見世の遊女は、ハコモノのセックスワーカーでも最下級と言えた。

図四　『岡場所考』（石塚豊芥子著、安政４年）、国会図書館蔵

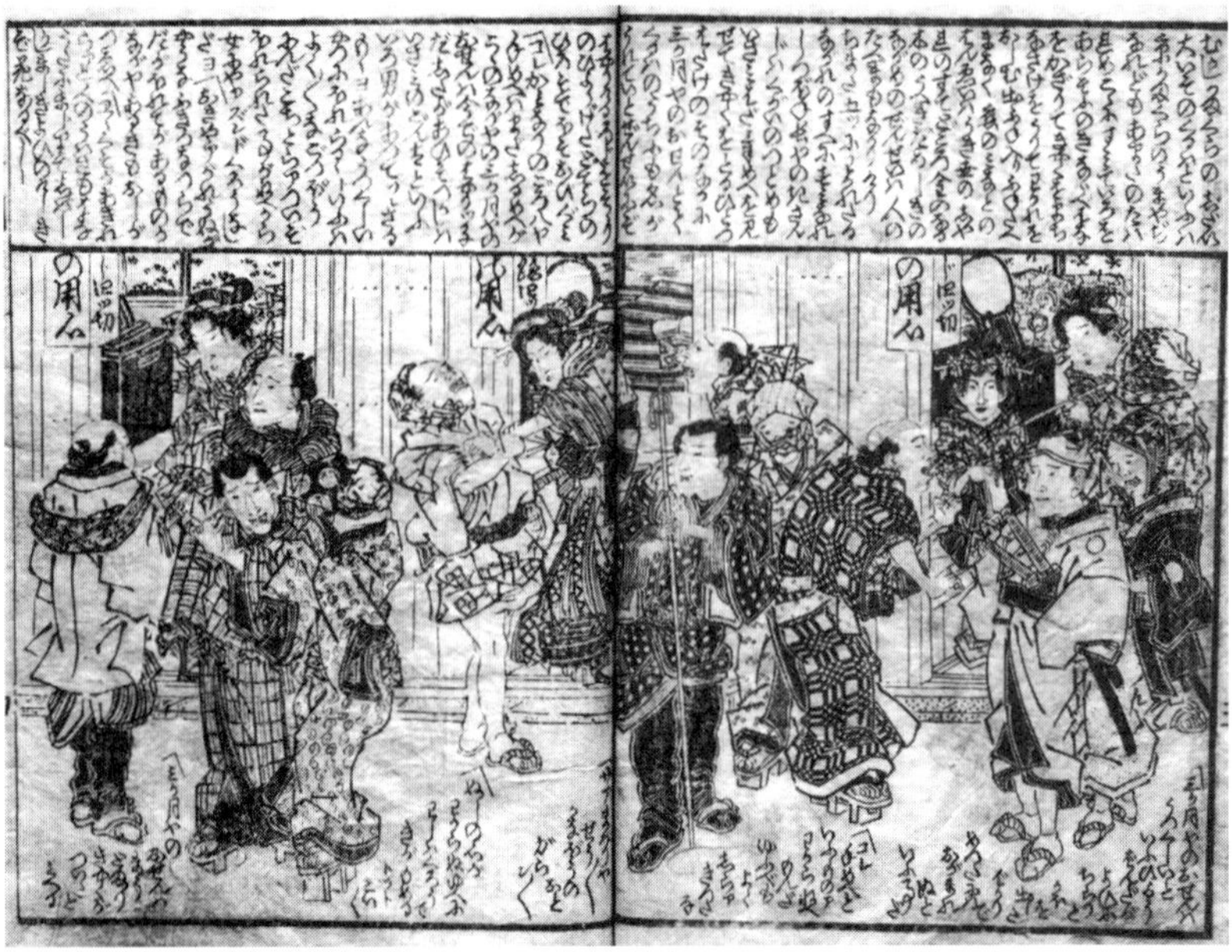

図五　『其俤錦絵姿』（東里山人著、文政８年）、国会図書館蔵

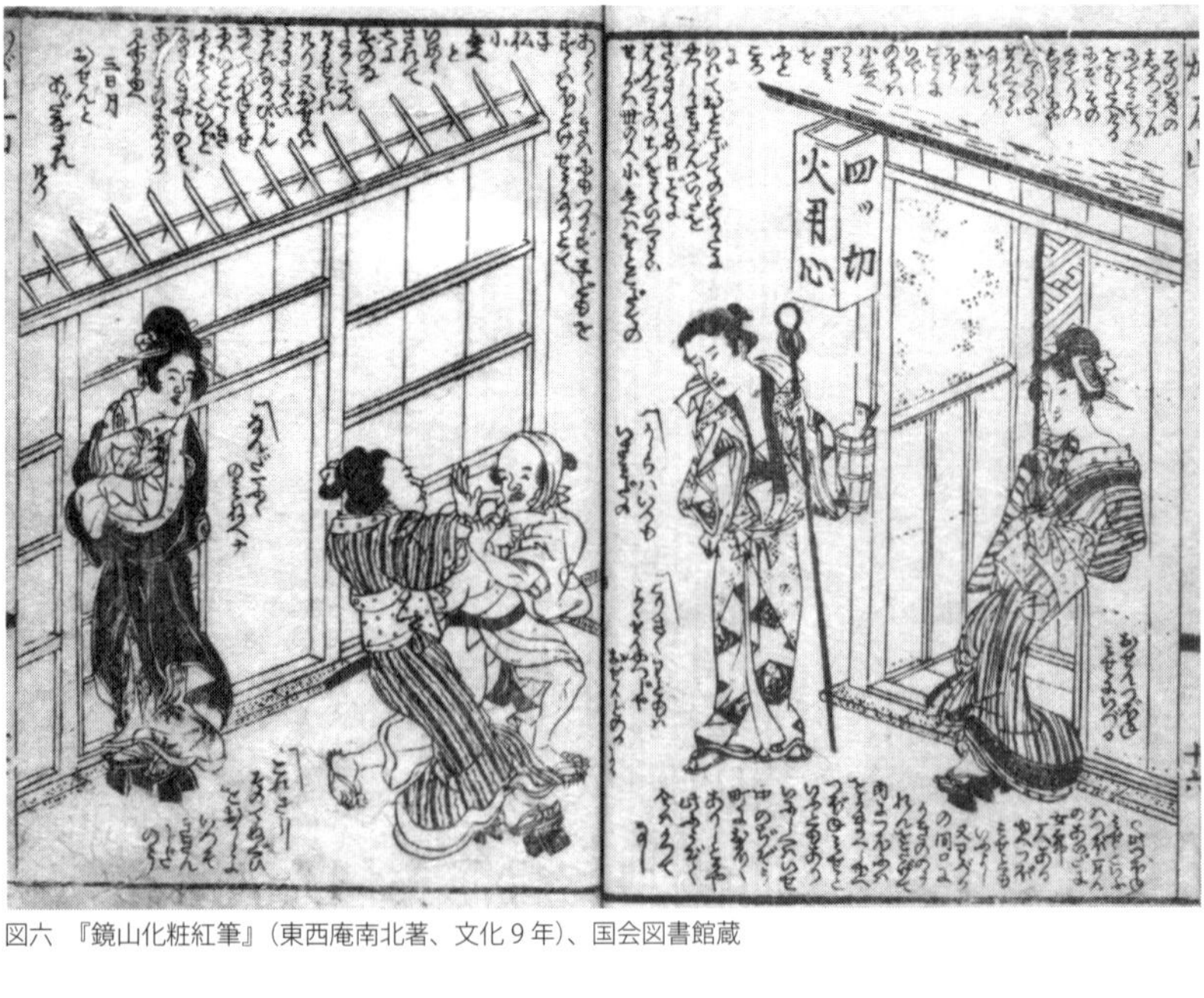

図六　『鏡山化粧紅筆』（東西庵南北著、文化９年）、国会図書館蔵

深川は別格

▼図七に、隅田川の河口に架かる永代橋が描かれている。前に広がるのは江戸（東京）湾の海。この永代橋を左に渡ると、深川である。

岡場所は江戸市中のあちこちにあったが、とくに深川に多かった。

なかでも、

仲町《なかちょう》
土橋《どばし》
新地《しんち》（大新地《おおしんち》と小新地《こしんち》に分けられる）
石場《いしば》（古石場《ふるいしば》と新石場《しんいしば》に分けられる）
裾継《すそつぎ》
櫓下《やぐらした》（表櫓《おもてやぐら》と裏櫓《うらやぐら》に分けられる）
あひる（佃新地《つくだしんち》）

の七カ所を「深川七場所《ふかがわななばしょ》」と呼んだ。

そのほかにも、小さな岡場所があった。深

図七　『春色英対暖語』（為永春水著、天保９年）、国会図書館蔵

川は岡場所だらけだったと言っても過言ではない。

これほど岡場所が多かったのは、やはり舟が利用できたのが大きい。江戸市中の船宿で猪牙舟《ちょきぶね》や屋根舟を雇い、隅田川を下る。深川の地には縦横に掘割が走っていたので、隅田川から掘割にはいれば、目指す岡場所の河岸場に着いた。

つまり、タクシーで目的の性風俗店の前に乗りつけるのと同じだった。
▼図八に、雪の日の深川の河岸場が描かれている。たとえ雪の日でも、舟を利用すれば、炬燵に暖まりながら行き帰りができた。
さて、深川の岡場所には、ほかにはない特色があった。伏玉《ふせだま》と呼出しの制度である。
伏玉――客は女郎屋に上がり、遊女と床入りする。言わば、普通のハコモノである。
呼出し――客はいったん料理屋に上がり、女郎屋から遊女を呼び寄せる。酒食を楽しんだあと、料理屋の奥座敷で遊女と床入りする。泊ることもできた。言わば、デリヘル方式である。
▼図九が伏玉の遊女、▼図十が呼出しの遊女である。伏玉が待ち受けなのに対し、呼出しは出かけている様子がわかろう。
当然、伏玉より呼出しの方が客の負担は大きくなった。揚代のほかに、料理屋などの支払いもあるからだ。

だが、この呼出し制度こそ、深川の料理屋が繋栄した要因だった。
▼図十一で、料理屋のにぎわいがわかろう。こんなにぎわいの中、奥座敷では客の男が遊女と、あるいは芸者と床入りしていたわけである。深川では芸者もセックスワーカーだったことは先述した（一〇二

図八　『春色雪の梅』（為永春水著、天保年間）、国会図書館蔵

図十　『五臓眼』（山旭亭真婆行著）、国会図書館蔵

図九　『五臓眼』（山旭亭真婆行著）、国会図書館蔵

ページ参照)。

深川七場所の中でもとくに人気があり、かつ高級とされたのが仲町である。仲町は深川のみならず、江戸の岡場所の最高級とも言えた。

▼図十二に、仲町の女郎屋の二階の、化粧部屋《みじまいべや》の光景が描かれている。

仲町は呼出し制だったので、料理屋から声がかかるまで、遊女たちは思い思いに過ごした。

箱の中は寿司だろうか。

壁の棚に、陰茎の形を模した金精神《こんせいじん》が祀られているのがわかる。遊女たちは金精神に手を合わせ、商売繁盛を祈った。

図十一　『華古与見』(歌川国芳、天保6年)、国際日本文化研究センター蔵

図十二　『春色辰巳園』（為永春水著、天保６年）、国会図書館蔵

4 宿場の飯盛女

宿場であり遊里であり

全国の宿場の繁栄は人と物資の集散地であるだけでなく、飯盛女《めしもりおんな》（宿場女郎《しゅくばじょろう》とも言った）と呼ばれる遊女の存在が大きかった。

▼図一は、どこの宿場かは不明だが、街道には旅人や、荷を積んだ馬が行き交っている。まさに、宿場のにぎわいと言えよう。

一方で、仕出し料理を運ぶ若い者は、芸者らしき女ふたりと言葉を交わしており、遊里としてもにぎわっていた。街道に面した旅籠屋《はたごや》では、飯盛女が顔見せをしている。

▼図二は、東海道の宿場である三島（静岡県三島市）の旅籠屋の光景である。大名行列が通

図一　『両雄奇人』（市川三升著、文政 10 年）、国会図書館蔵

過する街道に面した場所で、飯盛女たちが身支度をしている。

宿場は遊里でもあったのがわかろう。

江戸《えど》四宿《ししゅく》と呼ばれる、品川（東海道）、内藤新宿（甲州街道）、板橋（中山道）、千住《せんじゅ》（日光・奥州街道）も例外ではなかった。

というより、四宿は江戸から最初の宿場だけに、旅人が泊ることは少ない。純粋な旅籠屋業務だけでは

図二　『東海道名所風景』（歌川豊国、文久３年）、国会図書館蔵

経営は成り立たなかった。飯盛女を置き、事実上の女郎屋商売をすることで成り立っていたと言えよう。道中奉行から、宿場全体として、品川は五百人、内藤新宿、板橋、千住はそれぞれ百五十人の飯盛女を置くことを認められていた。

しかし、実際には、許可された人数の倍以上の飯盛女がいるのは常識だった。

飯盛女の揚代は、夜は四百文、昼は六百文が一般的である（岡場所の四六見世と同じ）。下級武士や庶民の男にとって宿場の飯盛女は、岡場所の遊女と同様、手軽なセックスワーカーだった。

品川と内藤新宿

江戸四宿の中でも、品川と内藤新宿はとくに市中から近かったので、江戸の男たちにとって宿場というより、完全に江戸の遊里の感覚だった。岡場所のひとつという感覚だったかもしれない。

品川と内藤新宿を舞台にした戯作も多い。

▼図三は、品川宿の図で、●印が飯盛女を置いた旅籠屋、つまり女郎屋である。

▼図四は、品川の飯盛女である。

旅籠屋の窓から海（江戸湾）が見えるのが、いかにも海沿いの品川らしい。もちろん、現在は埋め立てが進んだので、かつての品川宿のあたりは海から遠い。

春本『旅枕五十三次』（恋川笑山、嘉永年間）によると、飯盛女の揚代には幅があり、高いところが銀十匁《もんめ》か金二朱、安いところが六百文や四百文だった。さらに同書は――

この辺は客を取りては床へ廻り、寝させておいてまた見世を張りて四、五人までは取るなり。この宿《しゅく》、大いに繁昌なれば大小とも廻し多し。

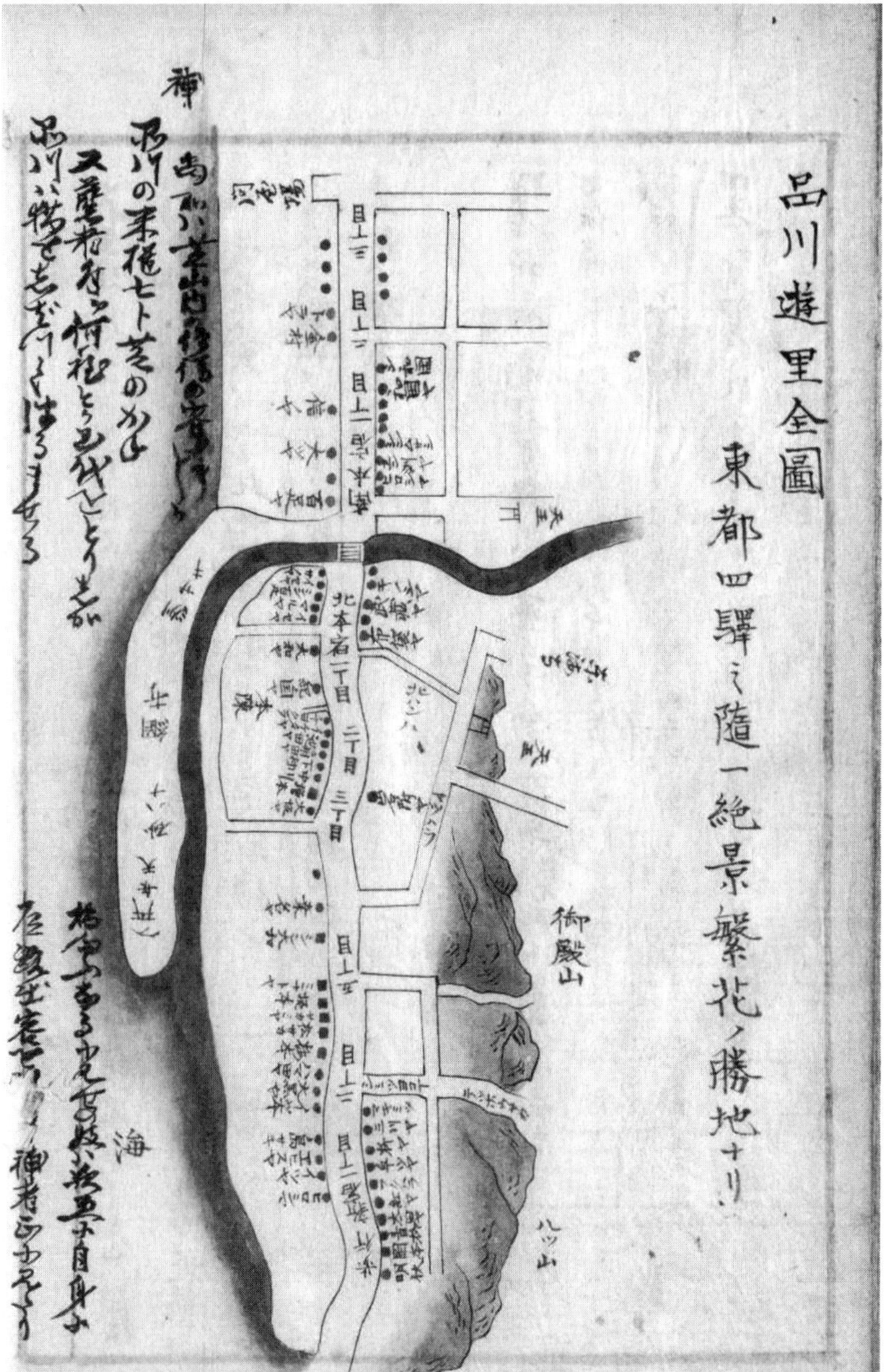

図三　『岡場所考』（石塚豊芥子 編、安政４年）国立国会図書館蔵

――と、旅籠屋の大小にかかわらず、廻しが多いと述べている。

品川の飯盛女は四、五人の廻しを取るのはざらだったようだ。宿場の繁盛というよりは、遊里としての繁盛であろう。

嘉永五年（一八五三）の『品川細見』によると、揚代銀十匁が五十三名、金二朱が四十一名と、江戸四宿のほかの宿場に比べて、高級な飯盛女が多かった。

吉原を北国《ほっこく》や北里《ほくり》と呼ぶのに対し、品川を南国《なんごく》や南里《なんり》というなど、何かにつけて比較されることも多かった。品川は宿場でありながら、ほとんど遊里だったと言えよう。

天保期（一八三〇～四四）、品川宿には飯盛女を置いていない旅籠屋が十九軒なのに対し、飯盛女を置いた旅籠屋（事実上の女郎屋）は九十二軒あった。

▼図五は、品川の旅籠屋の光景。大名行列も通る東海道に面して、飯盛女ふたりが堂々と顔見せをしていた。

尾張藩士・小寺玉晁の江戸見聞記『江戸見草』によると、天保十二年（一八四一）八月二十六日――

　爰より右之道へかかりて、品川宿へ出候所、女郎ことごとく店を張て居る也。しばらく立とどまりてみれば、いわゆる牛《ぎゅう》にや、御遊び御遊び御遊びと、何か早口にいふもおかし。

――と記している。

玉晁の言う「店を張て」は、図五のような光景であろう。吉原の張見世と決定的に違うのは、格子張りではないことである。

図四　『絵本時世粧』（歌川豊国、享和２年）、国会図書館蔵

図五　『道笑双六』（芝甘交著、天明６年）、国会図書館蔵

また、若い者が通り（東海道）で男たちに、

「お遊び、お遊び」

と声をかけ、客引きをしていた。

イギリスの外交官アーネスト・サトウは、文久二年（一八六二）十二月、横浜から江戸に向かう途中、品川宿を通過したときの印象を、その著『一外交官の見た明治維新』（坂田精一訳）に——


さて、一行は途中別に変ったこともなく、色街《いろまち》で有名な品川の町はずれに到着した。家々の半ばが品のよろしくない建物、いや青楼《パレス》だと言ってよい。


——と記しているほどである。

サトウの目には、品川は宿場というより、遊里そのものに見えたのであろう。図五のような光景を目にすれば、そう感じるのも無理はない。

品川は江戸市中に近く、交通の要衝でもあったことから、幕末期、旅籠屋は尊王攘夷や倒幕をめざす志士の集合場所や潜伏場所として利用された。志士たちは天下国家を熱く論じながら、飯盛女というハコモノのセックスワーカーと楽しんでいたわけである。

品川屈指の規模を誇ったのが相模屋《さがみや》、通称「土蔵相模《どぞうさがみ》」で、長州藩の高杉晋作らが逗留したことで知られる。
▼図六は、図中に「斎藤新宿賑ひの図」とあるが、もちろん内藤新宿のことである。
馬を引いた馬方が歩いており、これはまさに宿場のにぎわいであろう。

いっぽう、頭に膳をのせた、仕出し料理屋の若い者が歩いているのは、飯盛旅籠屋の宴席に届けるところのようだ。まさに、遊里のにぎわいだった。

旅籠屋の入口に立っている女ふたりは飯盛女であろうか。左にいる女の子ふたりは、吉原の禿に相当する、いわゆる遊女見習い兼雑用係であろう。

内藤新宿の揚代は、昼は六百文、夜は四百文が主流だったが、銀二朱の高級な飯盛女もいた。

図六　『白糸主水阿屋女草』（鶴亭秀賀著、安政５年）、国会図書館

▼図七は、内藤新宿の女郎屋を示している。なかでも、豊倉屋は、内藤新宿最大の旅籠屋である。建物は表間口十二間（約二十二メートル）、奥行二十間（約三十六メートル）と広壮で、十三人（年代未詳）の飯盛女を抱えていた。

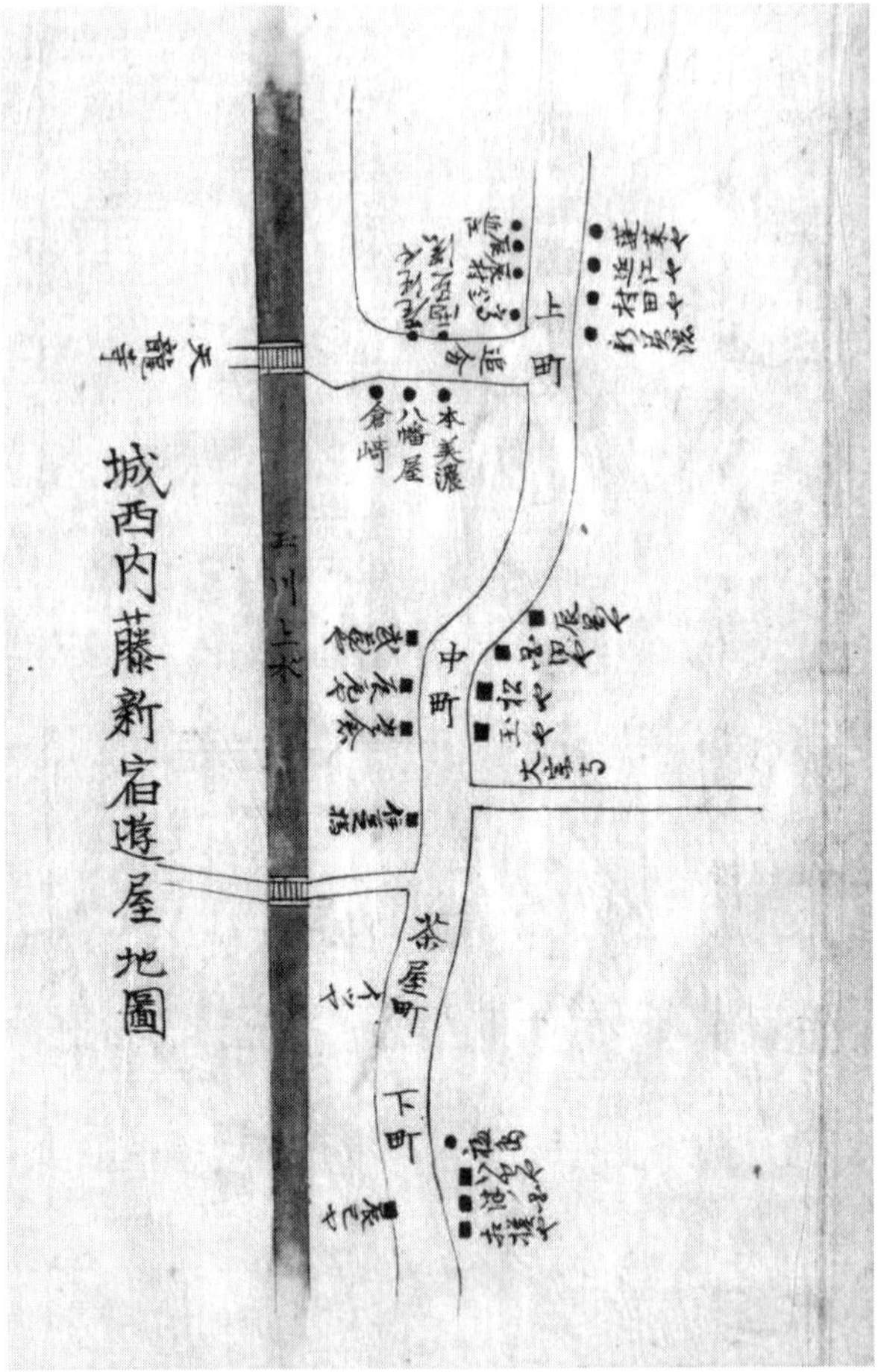

図七　『岡場所考』（石塚豊芥子 編、安政４年）国立国会図書館蔵

▼図八に、飯盛女と客の男が描かれている。男は帰り支度をしているようだ。

品川と内藤新宿は、四宿の中でも格が高かったと言えよう。

ただし、おたがいにライバル視していたようだ。

笑話集『譚嚢』（安永六年）に、次のような話があり――

　新宿の女郎、品川の女郎をそしって曰《いわ》く、

　「品川の女郎衆は総体、下卑《げび》さ。あれは船頭に付き合うからだのう、馬子《まご》どの」

――と、女郎が客の馬方に述べる。

女郎は飯盛女のこと。

品川の飯盛女は船頭の相手をするから下品になるというのだが、そう嘲弄する内藤新宿の飯盛女である自分は、馬方の相手をしているではないか。

海のそばの品川と、水路にめぐまれない内藤

図八　『大通契語』（笹浦鈴成著、寛政12年）、国会図書館蔵

新宿の地理的条件もわかる笑い話である。

甲州・青梅街道では物資の運搬にもっぱら馬が用いられたため、内藤新宿には馬方が多かったのだ。有名な『名所江戸百景』（歌川広重）の「四ッ谷内藤新宿」には、馬の尻が大きく描かれている。

〽四谷新宿馬糞《まぐそ》のなかに、あやめ咲くとはしほらしや。

は、潮来節《いたこぶし》の、

〽潮来出島のまこもの中で、あやめ咲くとはしほらしや。

をもじった替え歌である。

馬糞の中に咲くあやめとは、内藤新宿の飯盛女をさしていた。

馬鹿にしているかのようだが、歌にまでなったのは、やはりハコモノのセックスワーカーとして人気があった証拠であろう。

【コラム】

大女に人気

『街談文々集要』に、次のような話がある。

文化四年（一八〇七）の二月ころ、品川宿の鶴屋という飯盛旅籠屋（女郎屋）に稀代の遊女が出て大変な評判となった。

下総《しもうさ》（千葉県）の農民の娘で、名はつた、二十三歳だった。

おつたは、容貌は面長で十人並みだったが、身長がなんと六尺二寸（約百八十八センチ）もあったのだ。当時としてはずば抜けた長身である。

この大女をひと目でも見ようというので、鶴屋には客が連日連夜つめかけ、押しあいへしあいの繁盛となった。

おつたは自分の大きな手や足を恥じていて、初めての客には袖のなかに入れたままで手を見せようとしなかった。また、足もなかなか見せようとしなかったという。

これがまた評判となって、客が押し寄せた。われこそは、この目で見てやろうというわけだ。

もともと、鶴屋の亭主は、

「こんな大女では飯ばかりくって、客なんぞつかない」

と、安値でおつたを抱え入れたのである。ところが、思わぬ人気を得て大もうけをし、亭主はほくほく顔だった。

その後、おつたは「大女淀滝」と名乗り、方々の見世物に出た。

分厚い碁盤を片手に持ち、それでブンとあおいで大きな蠟燭の火を消したり、釣鐘を左肩に抱えながら右手で字を書いたり、四斗入りの米俵を持ち上げてみせたりした。

『街談文々集要』の編者の石塚豊介子は同書に、子供のころ浅草で父親に肩車されて淀滝を見物した思い出を記しているが、扇に書いた字は、なかなかの達筆だったという。

板橋と千住

板橋と千住は、品川や内藤新宿にくらべると見劣りするのか、戯作の舞台として取りあげられることもなかった。

しかし、飯盛女を置いた旅籠屋は多く、江戸の男たちにとって手軽なハコモノのセックスワーカーであるのは変わらなかった。

▼図九は、画中に「板橋宿の遊び女」とあり、板橋の飯盛女が描かれている。

文政五年（一八二二）ころの雰囲気について、当時、板橋宿で町医者と寺子屋師匠をしていた加藤曳尾庵《えいびあん》は、その著『我衣』に――

> 板駅上下三百軒に過ず。飯盛旅籠屋十八軒。千代本、吉田屋、岡田屋などを先とす。いづれも賤婦の世界なれば入来る客も又いやしく、博奕徒多く

図九　『木曽街道図絵』（蹄斎北馬）、国会図書館蔵

入込、盗賊又多し。依て与力同心昼夜往来して、彼《かの》岡引といへるものも充満して威を振ふ。喧嘩は二十六時中、止ことなし。

――と記し、風紀の悪さを慨嘆している。

ともあれ、飯盛旅籠屋は十八軒あったが、客筋はあまりよくなかったようだ。

▼図十で、板橋宿の飯盛旅籠屋（女郎屋）の分布がわかる。

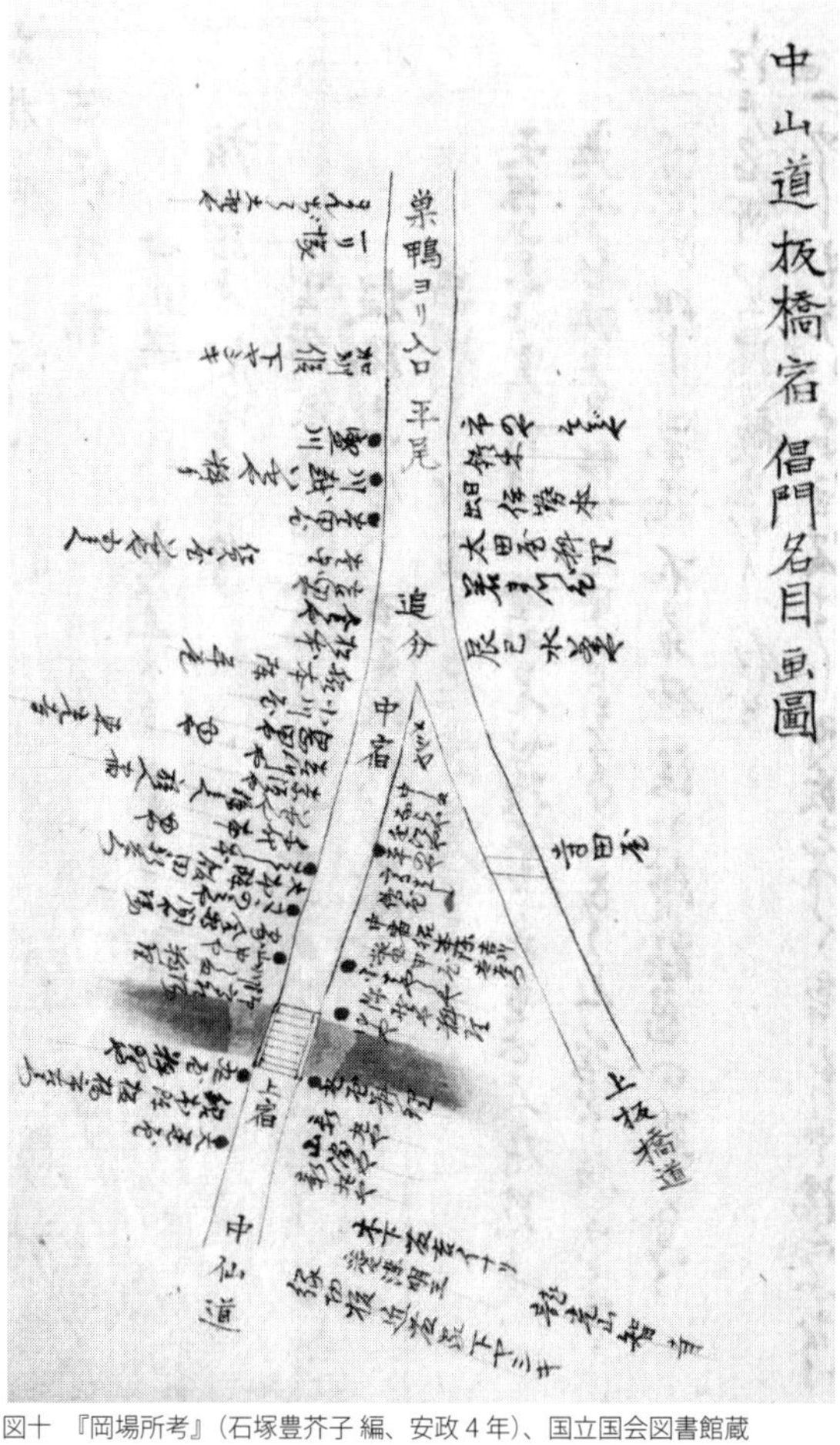

図十　『岡場所考』（石塚豊芥子 編、安政４年）、国立国会図書館蔵

一般に、板橋宿は江戸四宿の中でもガラが悪いとされており、女郎屋（飯盛旅籠屋）の格も低かった。揚代は昼間が六百文、夜が四百文が主体だった。

『守貞謾稿』（喜多川守貞著）に、著者守貞の見聞として――

天保三年始めて中山道より出府し、板橋駅を通りし時、当駅の遊女屋ども皆茅葺《かやぶき》なるを、遊女屋のかやぶき珍しきことに思ひ居りしが、近年これを見れば皆立派の瓦葺となり、家作もこれに准じて精製し、わづか二十余年にてかくも美麗に移れるものかと驚かる。

――と記している。

天保三年（一八三二）ころまでは田舎臭かった板橋宿が、幕末のころには壮麗な遊里に変貌していた。それにしても、飯盛女を置いた旅籠屋を、人々が遊女屋（女郎屋）とみなしていたことがわかろう。これは、板橋にかぎらず、他の宿場にもいえることだった。

▼図十一は、隅田川をはさんで、上が千住宿、下が小塚原《こづかっぱら》である。架かる橋は千住大橋。宿場業務の繁忙にともない、小塚原も千住宿に組み込まれていった。その結果、小塚原にも飯盛旅籠屋が建ち並ぶことになった。

千住も小塚原も、揚代は昼間は六百文、夜は四百文が主流だった。

『かくれざと』（石橋真国編、天保十五年）には次のように紹介している。

千住宿の家数は千二百二十九軒。その内、旅籠屋百四十一軒。その内、飯盛女ありは八十二軒。

小塚原の家数は五百一軒。その内、旅籠屋七十四軒。その内、飯盛女ありは三十六軒。

千住大橋をはさんで、千住と小塚原にいかに多くの女郎屋（飯盛旅籠屋）があったかがわかる。

江戸見聞録『皇都午睡』（西沢一鳳著、嘉永三年）に、次のような記述があり——

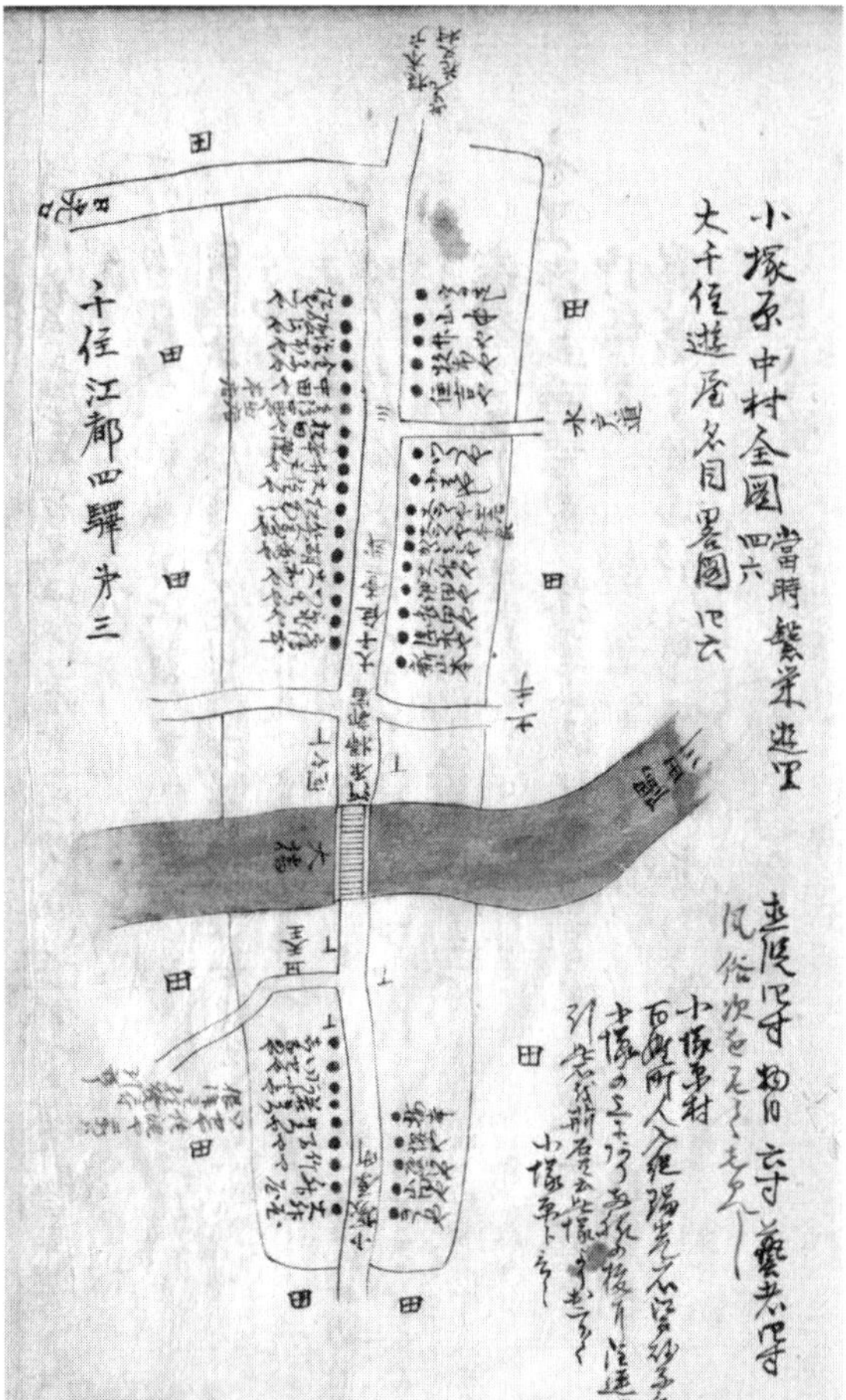

図十一　『岡場所考』（石塚豊芥子編、安政４年）、国会図書館蔵

爰《ここ》に一笑話あり。吉原の女郎、客衆に手紙を送るも、仲の町花盛り、灯籠、俄などのことを書て、賑はしければ見物かたがた夕方、お越しなぞと書を常にす。千住の女郎も、まけぬ気に成り、馴染の客へ文を送るに、菜種も今を盛にて、よき磔火炙《はりつけひあぶり》もおわしまし候まま、ちと入らせと書送りしと、悪口を云り。

――と、吉原の遊女と対比し、千住の飯盛女の無教養と下品さを笑いものにしている。

吉原の遊女は手紙で男を誘うとき、仲の町の桜や玉菊燈籠、俄などをダシに使う。千住の飯盛女が対抗して客に手紙を書いたが、「菜の花も盛りで、磔や火あぶりもあるので、お寄りなさい」だった、と。

小塚原には刑場があり、磔や火あぶりの刑が公開されていたのだ。

もちろん笑い話だが、千住や小塚原の飯盛女の置かれていた雰囲気がわかろう。

ところで、吉原の妓楼の若い者はみな住込みで、独身だったが、遊女と性的な関係を持つことは固く禁じられていた。そのため、彼らはもっぱら小塚原で女郎買いをした。

小塚原は吉原から近かったし、なにより揚代が安かったからだ。

江戸四宿は宿場とはいえ、江戸の男たちにとっては、手ごろなセックスワーカーのいる遊里だった。

【コラム】

江戸の風俗王

越前屋六左衛門は越前（福井県）に生まれ、若いころに江戸に出てきた。

江戸の町々には木戸番屋がもうけられており、ここに詰める男を番太郎（番太）と呼んだ。夜は火の用心の拍子木を打ちながら、町内を歩く。

六左衛門はあちこちの番太郎をしながらコツコツと金をためた。

ある程度の元手はできたが、堅気の商売を始めてもタカが知れている。手っ取り早く金を稼ぐには女郎屋がいいと思ったが、遊女の管理などは不慣れである。

そこで、遊女上がりの女を女房にした。

「遊女を仕切るのは、おめえに任せるぜ。当分は、おめえも稼いでくれ」

そして、本所で二軒の局見世（一九二ページ参照）を開業した。

女房は自分も客を取りながら、抱えの遊女を働かせる。商売は順調だった。

続いて、谷中に四六見世（一九一ページ参照）を開業した。

さらに、根津に六軒の局見世を開業し、勢いに乗って、吉原の経営難におちいっていた妓楼二軒を買い取った。

ついに、吉原に進出を果たしたのである。

それまで商売一筋で、ほかのことには目も向けなかった六左衛門だが、吉原に妓楼を構えてからは気がゆるむようになった。

自分が経営する谷中の女郎屋のお時という遊女に手をつけ、妾にして別宅に住まわせた。

これに気づいた女房は嫉妬をむき出しにし、夫婦仲も冷たくなる。ついには、女房が寝付いてしまった。

天保八年（一八三七）、女房は死んだが、死の直前、六左衛門を枕元に呼び、

「これだけの身代ができたのは、夫婦ふたりで懸命に働いたからじゃないか。あたしなんぞは、客を取ることまでやったんだよ。そんなあたしを踏みつけ

にしたお時と一緒になることは、絶対に許さないよ。ほかの女と一緒になるのはかまわない」

と言い残し、生き絶えた。

葬式がすむと、六左衛門はもう誰はばかる者もいないため、さっそく妾のお時を女房に迎えた。

ところが、その夜から、谷中の越前屋に幽霊が出るという噂が広まった。前妻の怨念が幽霊になって現れたというのである。

そこで、六左衛門はいったんお時を吉原の妓楼に住まわせ、自分は谷中の越前屋に住んだ。

天保十三年二月十四日、谷中に火事がおき、女郎屋はすべて焼失した。

火事のあと、六左衛門はさっそく三軒の女郎屋の普請に取りかかったが、三月になると天保の改革にともなう岡場所の取り払いが始まった。

幕府の姿勢は強硬であり、江戸中の岡場所はことごとく取り潰された。

こうして、六左衛門が谷中と根津に所有していた女郎屋はすべて消滅した。

ただし、六左衛門は吉原に妓楼を持っていたため、かろうじて女郎屋商売を続けることができた。

その後、吉原の越前屋はそれなりに繁盛したという。


『藤岡屋日記』に拠ったが、六左衛門のサクセスストーリーは、そのまま現代にもあてはまりそうである。今風に言えば、六左衛門は裸一貫から「風俗王」にのし上がったと言えようか。

マンションの一室を使った違法営業からスタートし、次々に既存の性風俗店を買収して商売を拡大、ついには、念願だった吉原の高級ソープランドを買い取った……という図式になろうか。

引用・参考文献

都の手ぶり　日本随筆大成第一期第五巻　吉川弘文館
梅翁随筆　日本随筆大成第二期第十一巻　吉川弘文館
宝暦現来集　続日本随筆大成別巻　近世風俗見聞集　七　吉川弘文館
巷街贅説　続日本随筆大成別巻　近世風俗見聞集　十　吉川弘文館
寛延雑秘録　未刊随筆百種第五巻　中央公論社
世のすがた・きゝのまにまに　未刊随筆百種第六巻　中央公論社
江戸自慢　未刊随筆百種第八巻　中央公論社
塵塚談　燕石十種第一巻　中央公論社
当世武野俗談　燕石十種第四巻　中央公論社
異本洞房語園・寛天見聞記　燕石十種第五巻　中央公論社
過眼録　続燕石十種第一巻　中央公論社
わすれのこり　続燕石十種第二巻　中央公論社
飛鳥川・続飛鳥川　新燕石十種第一巻　中央公論社
了阿遺書　新燕石十種第三巻　中央公論社
見世物雑志　新燕石十種第五巻　中央公論社
江戸見草・宝永年間諸覚　鼠璞十種下巻　中央公論社
椎の実筆　随筆百花苑　第十二巻　中央公論社
諸国廻暦日録　随筆百花苑　第十三巻　中央公論社
むかしばなし・昔々物語・慶長見聞集　日本庶民生活史料集成第八巻　三一書房

我衣・雪月花寝物語　日本庶民生活史料集成第十五巻　三一書房
吾妻みやげ　日本庶民生活史料集成　第十六巻　三一書房
男色細見三の朝　日本庶民文化史料集成第九巻　三一書房
藤岡屋日記　第二・三巻　近世庶民生活史料　三一書房
街談文々集要　近世庶民生活史料　三一書房
人倫訓蒙図彙　東洋文庫　平凡社
耳袋　東洋文庫　平凡社
甲子夜話・甲子夜話続編　東洋文庫　平凡社
江戸参府旅行日記　東洋文庫　平凡社
近世風俗志（守貞謾稿）　岩波文庫　岩波書店
吉原徒然草　岩波文庫　岩波書店
元禄世間咄風聞集　岩波文庫　岩波書店
西遊草　岩波文庫　岩波書店
一外交官の見た明治維新　岩波文庫　岩波書店
皇都午睡　私家本　国会図書館
浮世風呂　新日本古典文学大系　岩波書店
江戸繁昌記　新日本古典文学大系　岩波書店
当代江戸百化物　新日本古典文学大系　岩波書店
米饅頭始　新日本古典文学大系　岩波書店
東海道中膝栗毛　日本古典文学大系　岩波書店
根無志具佐　風来山人集　日本古典文学大系　岩波書店
ひとりね　近世随筆集　日本古典文学大系　岩波書店
好色一代男・好色一代女　井原西鶴集（一）　日本古典文学全集　小学館

男色大鑑　井原西鶴集（二）　日本古典文学全集　小学館
譚嚢　江戸小咄　講談社文庫　講談社
酒井伴四郎日記　東京都江戸東京博物館調査報告書第二十三集　江戸東京博物館
西遊草　岩波文庫　岩波書店
深川新話　洒落本大成第八巻　中央公論社
道中粋語録　洒落本大成第十巻　中央公論社
太平楽巻物・卯地臭意　洒落本大成第十二巻　中央公論社
総籬・一目土堤　洒落本大成第十四巻　中央公論社
取組手鑑　洒落本大成第十六巻　中央公論社
吉原談語　洒落本大成第二十一巻　中央公論社
仮名文章娘節用・娘消息　人情本代表作集　国民図書
かくれざと　近世文芸叢書第十　国書刊行会
開談夜之殿　浮世絵春画名品集成　河出書房新社
天野浮橋　江戸名作艶本　学研
図説吉原事典　永井義男著　朝日文庫　朝日新聞出版
図説大江戸性風俗事典　永井義男著　朝日文庫　朝日新聞出版
春画でたどる東海道五十三次　永井義男著　河出新書　河出書房新社

[著者紹介]

永井義男（ながい・よしお）
小説家、江戸文化評論家。
1949年生まれ、福岡市出身。東京外国語大学卒業。1997年、『算学奇人伝』（ティビーエス・ブリタニカ／祥伝社文庫）で開高健賞を受賞。

小説に『秘剣の名医』（コスミック出版）、『吉原同心富永甚四郎』（KADOKAWA）、『不便ですてきな江戸の町』（柏書房）など、多数。江戸文化評論に『江戸の糞尿学』（作品社）、『図説吉原事典』（朝日新聞出版）、『剣術修行の廻国旅日記』（朝日新聞出版）、『下級武士の日記でみる江戸の「性」と「食」』（河出書房新社）など、多数。

江戸の性愛業

2024 年 12 月 15 日 第 1 刷印刷
2024 年 12 月 20 日 第 1 刷発行

著者————永井義男

発行者———福田隆雄
発行所———株式会社作品社
102-0072 東京都千代田区飯田橋 2-7-4
Tel 03-3262-9753 Fax 03-3262-9757
振替口座 00160-3-27183
https://www.sakuhinsha.com

本文組版——新井満
装丁————伊勢功治
印刷・製本—シナノ印刷㈱

ISBN978-4-86793-055-7 C0021

江戸の糞尿学

永井義男

世界で最も整っていた江戸の“糞尿システム”。肥桶を担いだ男たちが、100万都市・江戸の生活と食料を支えた。裏長屋から、吉原・大奥までのトイレ事情、愛欲の場所だった便所、覗き、糞尿趣味…。初の“大江戸スカトロジー”。**秘蔵図版 多数収載**

性愛古語辞典

奈良・平安のセックス用語集

下川耿史

『古事記』、『源氏物語』から漢文、仏教書、性指南書、古代エロ小説、稀覯書まで、紫式部、殿上人、坊主、市井の人々が“男も女もす（為）なる”ために使った言葉を徹底蒐集。あの時代をディープに知りたい人必読のありそうでなかった古語辞典。有史以来初の古代エロ語辞典！